大夏书系·名师评课

听窦桂梅老师评课

窦桂梅 ◎ 著

TINGDOUGUIMEI LAOSHIPINGKE

华东师范大学出版社

图书在版编目（CIP）数据

听窦桂梅老师评课/窦桂梅著. －上海：华东师范大学出版社，2010.11
ISBN 978－7－5617－8264－4

Ⅰ.①听... Ⅱ.①窦... Ⅲ.①语文课—课堂教学—教学评估—小学 Ⅳ.①G623.203

中国版本图书馆CIP数据核字（2010）第231901号

大夏书系·名师评课
听窦桂梅老师评课

著　者	窦桂梅
策划编辑	李永梅
审读编辑	杨　霞
封面设计	大象设计
责任印制	殷艳红

出版发行	华东师范大学出版社
社　　址	上海市中山北路3663号 邮编 200062
网　　址	www.ecnupress.com.cn
电　　话	021－60821666 行政传真 021－62572105
客服电话	021－62865537
邮购电话	021－62869887 地址 上海市中山北路3663号华东师范大学校内先锋路口
网　　店	http://ecnup.taobao.com/

印刷者	北京密兴印刷有限公司
开　本	700×1000 16开
插　页	1
印　张	13.5
字　数	194千字
版　次	2011年2月第一版
印　次	2023年9月第二十四次
印　数	78 001－80 000
书　号	ISBN 978－7－5617－8264－4/G·3627
定　价	49.80元

出版人	朱杰人

（如发现本版图书有印订质量问题，请寄回本社客服中心调换或电话021－62865537联系）

目 录

自序 听课、评课、写课，教学引领者必需的生活   1

1. 教师要有语言意识
     ——听《三袋麦子》、《颐和园的长廊》、《踏花归去马蹄香》有感（之一）   1
2. 教师究竟在教什么
     ——听《三袋麦子》、《颐和园的长廊》、《踏花归去马蹄香》有感（之二）   5
3. 教学韵味，不仅仅是感觉
     ——听《枫叶如丹》有感   11
4. 课堂上的"应变"与"调控"
     ——听《三打白骨精》有感   23
5. 数学，要眉清目秀
     ——从《搭一搭》中看我们的教学   27
6. 必须不拘一格，灵活识字
     ——《祖国在我心中》一课的教学建议   34
7. 课堂落脚点应该在哪儿
     ——有感于两节高年级的英语课   42
8. 言语智慧从哪里来
     ——听《成吉思汗和鹰》有感   48
9. 一堂好课好在哪儿
     ——有感于一节科学课   57
10. 数学语言的正确与准确
     ——听《观察与记忆》有感   63

11. 向着有氧的教室
    ——有感于一节体育课　　　　　　　　　　　71
12. 隔窗看课
    ——听《隔窗看雀》有感　　　　　　　　　75
13. 和年轻教师一起成长
    ——由《师恩难忘》一课引发开去　　　　92
14. 字，必须好好写
    ——由《祖国在我心中》引发的感想　　　106
15. 一节现代诗歌课引发的思考与建议
    ——有感于《下雪的早晨》　　　　　　　115
16. 如何实现真正的师生平等对话
    ——有感于《月光曲》及其他几课　　　　121
17. 从一节低年级识字课，看小班化教学
    ——有感于《小母鸡种稻子》　　　　　　136
18. 疑问·追问·叩问
    ——听《印度洋上生死夜》一课后的道德质疑　140
19. 加强语言的规范化和"语文化"
    ——有感于几节语文课上教师的语言　　　146
20. "专业"与"职业"的思考
    ——由一节音乐课想到的　　　　　　　　150
21. 基于经验的学习从哪里来
    ——有感于《雪地里的小画家》和《我有一盒彩笔》　157
22. 比赛，要赢的是自己
    ——有感于听到的几次赛课　　　　　　　166

附1　课文·语文·课程
    ——我教学历程中的几个关键词　　　　　171
附2　语文教育要给孩子一座田园、一座花园　　183
附3　窦桂梅和《小学语文质量目标手册》　　　190

自序 听课、评课、写课，教学引领者必需的生活

> 教学引领者必须让教师相信，课堂生活绝不只是为了生存而必须从事的被动工作，而应当成为为未来储存幸福基金的事业。要努力成为让学生永远记在心中的小学教师，就必须付诸行动，把通过学习获得的知识财富转化成教学生产力。只有这样，你才会成为学生爱戴、敬仰的人，你才会真正找到一个教师得以安身立命的根本所在。
>
> ——题记

我时常思考，我工作的重点是什么？如果说是抓教学质量，那么实施的策略是什么？工作的"有效性"又如何体现？我是主管学校教学的校长，但我还是一名语文教师，因此，在思考教学有效性的问题上，是带着日复一日深入课堂的感受的。实际上，我不赞成一味追求课堂"有效性"的提法，因为这种提法本身就暗含着功利主义的思想，似乎只有看得见东西、摸得着成绩的课，才是有效的课堂教学。教学是"慢"的艺术，给学生一粒粒种子，然后把它们交给岁月，我们终将看到万涓成水、幼苗成林。将这样的思路类推到学校的教学管理上，于是，我也开始怀疑教学管理"有效性"的提法。因为教师教学水平的提高同样不是一朝一夕的事情，不是一个"管"、一个"理"就能带来来自根部的营养的。若要使教学"有效"，管理者就必须在硬性制度的层面之上，引导

教师走上一条自觉深入钻研教材、深入备课，从而获得高超的课堂教学能力的道路。而这一切同样需要管理者与教师一道抛开各种功利思想，静下心来，肯坐冷板凳，一点一点地钻研。

当然，在高速发展的大环境下，我们凡事都要讲究效率，"多快好省"是我们评价工作质量的标准之一，也正因如此，每当我们的教学引领者与任课教师就一节课的教学内容反复推敲、反复研读的时候，连我们自己也会质疑：这样的投入与产出比例，值吗？这样的教学研究有必要吗？这样一遍遍地听课、评课，再听课、再评课，对教学质量会产生恒久而不仅仅是一次性的影响吗？

于是，思考就来了：我们为什么要听课？为什么要评课？又为什么要写课？既然要听、评、写，那么又怎样在这个讲求效率的时代，让教学管理者的这些工作能够尽可能大地为教师提供帮助？于是，我有了下面的思考：

一、听课，听得出门道儿

说到听课，大家都知道为什么听、怎么听。但有没有深入思考过，听课怎样才能发挥它应有的作用，而不是流于形式？我发现，制约听课效率和效果的，主要有以下几个原因：一是只做旁观者，不做主动参与者，没有从思想上参与到教学活动中，不是有"备"而听，而是作为一个局外人，听课就仿佛在看一场与自己并不相关的演出。二是只做盲从者，而不做引路人，把听课当作一种任务，而没有一个明确的目的。实际上，听课本身就是一种教学研究，只有确定了自己的研究方向，听课者才能深入到问题的核心，并努力解决问题。三是只做批评家，不做审美者，更不做帮助者，问题提了一堆，却不给出解决问题的方法，因此，就只好在一次次的试误中浪费学生宝贵的时间。

其实，听课绝不是为了完成上级规定的任务。对于教学管理者而言，听课就是本分，是我们应做的工作。而且，听课不应仅仅停留在了解情况的层面上，还必须带有一定的目的和意义。这就和我们对教师的要求一样。我们动不动就问教师们，这节课你能给学生什么？其实，在听课中，我们也应该经常问自己：你到底能够给教师什么？教师希望在你那里得到什么？是毫无原则的鼓励吗？是没有科学根据的批评吗？想必都不是，教师在经历了40分钟的忐忑之后，一定是希望能够在管理者那里得到一些切中要害的真知灼见的。那么，我们要用什么样的方式让他们得到听课后的收获呢？用哪种方式传递这样的收获更加恰当？如何帮助教师因我们的听课而获得真正意义上的专业提高？这些都是我们听课者所要考虑的问题。

管理者，尤其是教学管理者，不应停留在吆喝型的管理者身份上，还应将自己定位为专家性质的引领者——这对我们负责教学的人来说，真的不容易。在大力提倡教师专业化发展的今天，更应提倡教学干部的专业化发展，试想，一位长期脱离教学一线的教学干部，如何正确把握课堂教学？如何为教师，尤其是为年轻教师作示范？课堂不仅是学生成长的地方，是教师成长的平台，也是教学干部成长的阵地。因此，在我们学校，所有教学负责人，包括德育负责人，都是很辛苦的，他们不仅有大量的事务性工作要做，更重要的是还肩负着自己学科的教学任务，更有教研以及科研引领职责——每周多则12节课，少则7节课，更不要提开会、研讨、教师培训等工作了。但是，这样的立足于课堂的付出是有意义的，课堂就好比我们这些"鱼儿"的池塘，我们离开了水，是"活"不了的。在与教师们一同上一节节课的过程中，我们日复一日地与他们一起进行着教育的实践研究。

即便这样，我们教学负责人对于每学期的工作计划中的听课计划依然应当心中有数，听哪些学科的课，听哪些教师的课，都不应该是盲目的。那么，究竟应该怎样听课？这是一个复杂的问题，需要从不同的角度去考虑。

学校的发展要依托教师，只有高水平的教师，才能造就高水平的教学质量，这个道理是不言而喻的，因此，教师队伍的建设，也应该是主管教学的干部的工作重心。我们可以按照教师的年龄，将教师划分为老、中、青三代，对于不同年纪的教师听课内容应该不一样。我们还可以根据教师的教育背景，将教师划分为受过本专业教育的教师、未受过本专业教育的教师，对于不同教育背景的教师听课内容也应该不一样。再从教师成长的角度出发，对于新教师，要"听"其是否入门，"听"其重难点是否得以突破；对于有研究能力的教师，听课时就要看他对教材的创造性处理，等等。

　　但由于精力有限，再加上事务、会议很多，听的计划总是赶不上听不成的变化。就拿我们学校来说，共有一线教师82人，其中45岁以上的教师有10人，35—45岁的教师有31人，35岁以下的教师有35人，工作没有满3年的教师有6人。这么多教师的课，每学期都听一遍困难很大，而且那样做，针对性不大。眉毛胡子一把抓，等于什么也没有抓住。一句话，盲目听十节课不如认真剖析一节课。

　　于是，在经历了长时间地一个人一个人听，逐个"耕耘"，这块"地儿"没过几天就荒了之后，怎样改变"听"的方式，让一个人的静悄悄的"听"，变成与上课者的心灵共鸣，同时，还能因为这一次的听，引起更多的"耳朵"去听，成了这几年我经常思考并努力尝试实践的课题。因此，一段时间内，我依据年龄、教学经验、教学水平、学科分类等，精心选择了几十位老师的课，认真聆听，写下了一些有针对性的评课文章，希望教学中的有心人能够借此举一反三。其中有写给刚刚走上工作岗位不久的青年教师的《教学韵味，不仅仅是感觉》，有写给已经有了一定教学经验、个人发展进入高原期的教师的《如何实现真正的师生平等对话》，有针对语文识字、写字教学的《必须不拘一格，灵活识字》，有针对其他学科的《数学，要眉清目秀》、《一堂好课好在哪儿》、《向着有氧的教室》。通过这些文字及时记录听课时的点滴感受，让流过耳畔的声音变成白纸黑字的印记，这对于自己是梳理的过程、成长的足迹，对于上课的教师，则又成了他们额外的收获、珍贵的资源。

　　此外，我与语文教师们一起同备同上了我国四大名著之一的《西游记》。在校本教学研究的过程中，我们提出了"共读、共教、共评"，甚至"共写"的口号。结合教材中的《三打白骨精》以及《三借芭蕉扇》等课文，我们开展了全面开花的轰轰烈烈的听课。暑假要求教师们精读《西游记》原著，开学后，听专家的专题讲座，听我给教师做的文本解读，然后所有语文教师共同备课写教案。接下来，就是大面积的听课。这下，每一位走进课堂听课的教师，不再是旁观者，而是感同身受的行动者、研究者、执行者。他们带着自己的体验、自己的思考，走进自己的课堂以及别人的课堂，这样的听课我们认为其含金量是很高的，它是有效的。

大家借助一个值得研究的经典课例，一起备课上课，一起听课，重点深挖这口井，通过不断研究，打出水来才算罢休。这样，每个人在参与挖井的工作的同时，也享受到了教学研究成果的甘泉。这样就比走到一处，挖一个"坑"，不知道强多少倍。最终，我们研究开发了9种课型，三分之二的语文教师参与了上课。加上试教，教师们一共听了37节围绕《西游记》开展的各种类型的课。大家普遍认为，这种听课方式是提高教学效果的必然途径，是带动教师专业化发展的必要手段，是教学管理者日常工作的重要任务之一。

可见，听课不仅是管理者应当研究的专题，更应该让所有教师都把听课时获得的"利息"转化到如吃饭睡觉般最自然不过的日常教学行为中。进而教学管理者就要思考，如何调动所有教师带着问题走进课堂听课，变学校的要求为自身专业发展的必需，使听课真正成为教师日常工作的一部分，成为校园文化的一部分。这样的目标需要我们教学管理者来共同达成。我们也仍在努力中。

二、评课，评得出名堂

谈到评课时，我们常有这样的感慨——有时评课人说得口干舌燥，最终的效果却是大家认为的"萝卜炖萝卜——于事无补"。真正的评课应该是"专业引领"下的"萝卜炖肉"，给予教师真正超越他原有水平的营养。所以，必须打破低效的平行对话的局限，在更广阔、更宽松的学术空间内，建立志同道合的"引领"关系。

因此，每一个教学干部，首先，要建立一种思维方式，站在被评课教师的角度想问题，不能听了就评、信口开河，而应该想清楚，被评课的这位教师最需要的是什么，你评课的重点是什么。其次，在评课中要拿出自己的"绝活"。评课不能仅仅停留在用"耳"听、用"笔"记、用"嘴"说的流程中，它应该是专业上的引领与带动。要让教师感觉到你的确有水平，既有一双慧眼发现其教学的亮点，又能锐利地指出其存在的缺点，并能够准确地解剖其盲点。

有些时候，我们需要拿出权威的姿态，但学术尊严不等于领导威严，我们应当明辨是非真伪，作出价值判断，不能把"评课"当作权力或者威力的释放。对于不同的情况，需要摆出不同的姿态。过去我们常看到教师恭恭敬敬拿着小本子听你的"判决"，如果这种恭敬是出于对你的敬重或认同还好，如果是因为惧怕你的权力而表现出这一假象，那么，也许这评课背后的良苦用心就付诸东流了。因此，教学引领者（管理者），千万不要把自己当作"行政领导"，尤其是教学干部，绝不能用行政去推动你的教学管理。教学管理者要把所谓的"干部"身份尽量"藏到教师后面去"。

另外，教学管理者必须让更多的教师参与你的评课，这个时候，你是首席评课人，也是重要的主持人——把评课当作合作多赢的平台，组织那些有才华的教师参与评课，并进行评课记录，让其发挥最大的作用，给教师们提供更多可供分享的东西。在评课中需要搀扶、引领的时候，你要把你的"专业水平"拿出来，这样，就会有更多的教师获得思考之后的提升、分享之后的超越。这个时候，评课就成了一门带动教师专业成长的艺术，教师的才华在这样的评课中就会释放、撞击，渐渐就发展成了属于他自己的教学艺术。

关于评课，要说的内容太多了，比如教态、内容、方法、目标，等等。但是对于教学中参差多态，以不同的方式和形式出现的课，评课者却常常流于形式，有的在设计好的表格上打个分数，草草了事；有的以表扬为主，做好好先生；有的被动发言，敷衍了事……这些现象在评课中很多人可能都碰到过。试想，如果评课时只说些正确的废话，那么评课还有什么意义呢？有些时候，所谓的讨好鼓励，其实是不负责任的表现。

既然"评课"要围绕听到的课堂信息提出问题、发表意见，那么，

"评"的过程就应当是参与者围绕共同的话题展开对话，平等交流的过程。虽然有"主""从"之分，但要超越"领导说了算"的局限，努力改变教师在评课活动中的"被评"地位和失语状态。只有让授课者说话，评课者才能更加充分地理解授课者教学设计中的良苦用心，评课才更能点中要害。

多年来从未离开过教学一线的我，觉得领导的评课，就是为了让被评者更好地改进教学，而不是成心找他的"茬儿"。课堂教学终究是教师自己的事情，有人帮助那是天大的好事。实际上，一堂课授完了，就好比一部小说发表了，作家是谁读者常常并不在意，他们在意的是小说的内容。我们听课教师，就好比那些小说评论家们，借着这堂课这个作品，开始"文学批评"。批评家批评的是小说，我们评的是这堂课，因此，在批评中，上课教师这个"人"本身就模糊了，所有的听课者，都是在课堂内容上品评玩味，获得教育与收获的，与上课教师这个"人"没有关系。

可有的上课教师往往分不清课与人的界限，总是把对课的评价和对他这个人的评价"扯"在一起。评课者呢，也容易把两者混淆。当然，保护自己、掩饰缺点几乎是每一个人的天性。因此，在正视人的弱点、尊重人的天性的情况下，评课者要"真诚"，同时尽量做到"义正词婉"、"理直气和"。不过，教师的性格差异，决定了对不同的教师，要不同对待，有的教师可以下"猛药"，有的却要小心轻放。不管怎样，你一定要让教师感受到，你是为他好，你是在帮助人、发展人。

我在学校有一个特点，就是评课的时间有时比教师上课的时间还长。几年来，教师们对我的评课是喜欢、信服的，而且在我毫不客气地指出问题时，他们都是很高兴地接受的，关键是因为我给他们树立了一个重要的观念——评课不是批评，更不是无谓的赞美，评课就是要发现课堂问题，而且要告诉他们，"问题是我们的朋友"，评课的重要目的就是正视问题和发现不足，这，才有助于我们找到前进的方向和目标。

评课时，你有什么样的素养，就会传递什么样的评课水平；有什么样的体验，就会传递什么样的教学经验。评课时，一定要"缺点不漏，优点说透，方法给够"，传递真实的心声、真正的水平，告诉授课教师怎么做会更好，以至他心服口服地接受你的观点。

三、写课，写得出水平

我万分赞同这样的观点——优秀教师要学会表达自己，而写作则是表达自己的最佳方式。只有真切体会到写作价值的教师才会对写作充满感激，而不仅仅是为了发表文章，参加所谓的论文评比而写而作。写作不是创作，而是一种教育生活。具有写作兴趣的教师往往富有丰富的情感，拥有理性的头脑，总是保持一种敏锐的目光，悉心体察身边的冲突和矛盾，聚集点滴的教育教学感悟，汇成思想的洪流——也正是基于这种想法，已经不当班主任的我，把写转移到了"写课"上。

"写课"就是在思考教学，就是在表达思想——这一点我深有体会。只看不想，只说不写，回过头来什么也没有留下。

"写课"是一种很好的积累。写课不是简单的口头议论，而是对话、反思与梳理的综合过程。如果说评课是感性认识，那么写出来就是理性认识。说话和写作都是表达。但是，口头评课，带有随意性、不确定性。而写课，却能将散乱的评课组织化、条理化为显性经验。

几年来，围绕教师专业活动，我的写课成了促进教师专业发展的有效途径，不仅有利于他人，同样成就了自己。就个人体会而言，整理听课笔记时可以更加符合逻辑地、规范地、精细地表达。这样的写，相对于现场议课的说，就具有了更高的对话质量。比如，在学区的鼓励下，结合"师生平等对话"、"基于经验的学习"的专题研究课，听课后我写了四篇文章，梳理了一些问题，比如：什么是对话？基于什么样的理念的对话才算是真正的对话？对话中"对"的究竟是什么？是一问一答吗？"师生平等"，仅仅是教师的和蔼表情吗？基于经验的学习，是基于学生的经验还是教师的经验？经验是把双刃剑，教师如何正确认识自己的经验？如何判断学生的经验是否正确？等等。

当我把这些不成熟的思考写出来，印发给教师们的时候，他们阅读我的写课，比听我现场评课可以获得更多的沉淀。中关村二小刘利主任曾经专门给我写过一封信，并通过电话交流这些话题。可以说，这样做所带来的收获，已经远远超过了评课本身。

2002年底，我曾写过《教育的对话》，给清华附小所有的任课教师每人写一篇文章，以表扬为主——因为那时候自己来学校才一年，摸不清脉络，生怕就此堵塞了教师们的言路。2005年底，一位编辑看了我的听课笔记，惊叹我的创造，于是急匆匆地出版了《梳理课堂——窦桂梅"课堂捉虫"手记》一书。这本书，重在捉虫，直面问题，后来竟成为当年教育畅销图书排行榜前三名——尤其是在江浙一带，我的这本书，据说很多教师人手一本。

近三年来，我不仅听常态课，也听研究课，既"捉虫"，也"拣金"，尤其是西苑学区名师工作室建立以后，为了方便教师们阅读，我把这两部分文章放在我的博客里，不仅是我们这个"学习共同体"中的那十位教师，我们海淀区的不少教师都在跟着阅读。于是，这样的写课，就不仅仅是属于我们学校教师的，更是各个兄弟学校的教师们可以利用的校本教材。因为有的案例具有一定的典型性，但我可能只在某个教师那儿听到过，因此，我就结合这类话题，写成系列文字，打印出来，让所有相关学科的教师阅读讨论，既避免了其他教师出现这个问题，也可以留着给下一个学年的教师作为培训教材。

我曾写过三篇关于识字教学的文章，为了说明问题，我还亲自上示范课，现身说法。结果，那些被我评课"捉虫"的教师也写了反思文章作为回应，我们还专门把一、二年级的语文教师召集在一起，讨论识字的问题以及今后研究的方向。由我的写课，到他们的再次写课，其意义远远超过了写本身。

我还给一个音乐教师写了一篇评课。该教师阅读后深有感触，于是，整个音乐组先自发学习，然后我和傅雪松主任专门和他们就音乐教师"学科专业知识"与"教育学技巧"如何结合的问题展开了研讨，让他们懂得，教师不是音乐家，更不是教练，而应当努力成为音乐教育家。这里需要说明的是，我写的"捉虫"文字、"拣金"文字，都会给当事人阅读，必须经过他们的同意，我才放在博客里或者印发给其他教师学习。从某种意义上说，敢于展示自己的不足，敢于呈现自己的失败，也是一种勇气。

更为重要的是，这样的文章，不是来自外部世界，而是来自身边，甚至就是自己的故事，因此，教师就会对文章中提到的问题格外重视，就能够对自己的教学动真格的。教研《三打白骨精》的前前后后，语文教师们一共写了47篇文章。数学、美术、体育、音乐等学科的教师们听了这堂课，也参与了评课，也写了共计41篇文章。体育教师张志刚在文章中写道：虽然正义有的时候不被人理解，可能有时候还被误解甚至歪曲，但阳光总在风雨后，而且那样的阳光更加明媚。有个成语叫作"邪不压正"，这也是我们做人需要警醒的地方。白骨精的行为告诉我们，智慧要为善良的人生服务！这样具有哲学意味的深度思考，竟然来自经常自嘲为"头脑简单，四肢发达"的体育教师笔下，因此，我们怎能小看教师们的写作水平、教学水平？此后，我的教学实录，以及胡兰的《漫溯，向语文教育的更深处》、苗玉春的《以语文的方式教语文》，发表在《小学语文教学论坛》的"名家名课"专刊上，在全国引起了较大的反响。这些文章在我校教师们中间撞击出的波澜，由此也应当能够见其一斑了吧。

帕尔默在《教学勇气——漫步教师心灵》中说："与真命题相反的是假命题，但是与一个深刻真理相对立的，可能是另一个深刻的命题。"——书写、记录是美好的，而与之相对的就是辛苦。教学引领者要舍得花工夫写，因为这不是半个小时，或者一个小时就能穿凿附会出来的。不是真正习惯于写作的人，是不会知道爬格子的苦处的。往往我们说得很好，落在笔上就不是那么回事了。甚至，"改"要比"写"花的时间还长，经常要在电脑前坐五六个小时。每一个万家灯火的晚上，不是放松安逸、觥筹交错，而是挑灯夜读，学习、反思、写作，这真的需要付出很大的代价。而这最终对我的工作究竟有多大的推动作用，其实我也不知道——我只知道，我必须动脑筋，创造性地做好我的教学引领工作。

然而，有多少教师能和我一样也记录自己的教学？以前在学校制度的强化要求下,有些效果,但现在考虑到教师们的负担,已经降低了写课的数量要求了。不过,我自己对此是不能放松的。因为这是我向教师们学习的机会,是提高我分析问题的能力的重要途径,也是我——一个语文教师必须练就的基本功。因此,我要求自己不能情随事迁,"万物并育而不相害,道并行而不相悖",守望教育理想就从坚守秉笔书写的习惯开始。

教研是一种文化。我认为,写课是学校教学工作、传承并发展学校文化的关键所在。一所学校如果不研究课堂教学,不记录课堂教学,而频于忙碌各种活动,应付上交上级的材料,甚或从来就没有经过深入思考而留下的文字经验,那么,这所学校是没有积淀,是不可能期待厚积薄发的。我们的教师也必须改变"复制"、"粘贴"抄写论文的恶习,这是对教师职业的最大敬畏。

四、几点思考

1. 校本教研不应是宏大科研

近些年来,由于课程改革的需要,教研方式有了很大的改革。小学教师的任务不是科研,而是行动研究,已成为普遍认同的研究方式。于是,全国上下,很多小学把学校的科研定位在"校本教研"上,建议教师在具体的听课、评课中,编写论文,写某个空泛的课题,写教学案例,写教育叙事——这真是明智之举。因此,听课,评课,写课,就从"美声唱法"回归到"通俗唱法",但这并不意味着我们的水平降低了,相反,唯有如此,我们的科研才能成为扎根沃土、脚踏实地的实践研究,而不会演变成好高骛远、不伦不类的嫁接课题。

由于每一所学校的历史文化不同,听课、评课的校本教研方式也不同。有的学校教师普遍自觉备课,几乎每堂课都能高质量地完成,那么,该校领导者的听课任务一定和一所这方面比较薄弱的学校有所不同。再者,每一所学校教师的专业认识和职业认同感不同,因此,教学引领者采取的教研策略也不同。我们学校采取的"共教、共评、共写"的校本教研,作为对教师专业尊严的一种唤醒,期待着唤起清华附小教师,尤其是语文教师的专业兴趣、专业认同与专业向往。这也是基于清华附小背景采取的校本教研办法。

2. 教研必须有学科领袖

这里的领袖不是指"特级教师",更不是指行政领导,而是指真正有执行力、影响力,有专业水平的教学干部。有质量的"听课、评课、写课",需要有专业水平高又有现代教研文化意识的"核心人物",换句话说,缺少这样的"核心人物","听课"或"评课"就只能流于中庸,甚至平庸。更为重要的是,"核心人物"最好是局内人,扎根于学校教学工作一线,立足于学校精神文化的长远发展,而不是一个"外来者",或者"局外人"。今天请一个专家,下个月聘一个人指导课,终究远水解不了近渴。从这个意义上说,学校要培养"学科领袖"。校长要给这些教学引领者更大的平台、更多的呵护,要发自内心地"心疼"他们。不要只"挤奶",而不给好的"草料",核心人物一定是在"重用",而不是在"使用"中培养出来的。当然,更需要教师们自觉追求课堂教学艺术的动力,把心思全部用在备课与上课上。

这些年来,大家在共同努力创造教师专业主体意识觉醒的文化。当然,这种觉醒实现起来并不容易。如果说在教师专业成长道路上,"专业引领者"有很大的期望,那么学校教研文化的"积习"则是永远的敌人。他们常常耗费很多心血,动了许多脑筋,但即使建立起了合作共同体这个号称能够实现"共同发展"的平台,星星之火最终也并不一定能够形成燎原之势。

学校教研,常常由于学校管理诸多因素的影响,束缚了教研引领者的"手"、"脑",织就了一种没有阳光的缺氧的桎梏的网。有些时候,那种心气丧失殆尽的落寞,是一种无法言说的苦闷。然而,作为教学管理者,无论如何,你不能想得太多,顾及太多,你必须心无旁骛,挺身而出。只要从学术出发,而不是从"心术"出发,哪怕遇到枪林弹雨,你也能坦然前行。

3. 有质量的听课与评课,必须体现深入的思考

没有反思的评课,最多只能成长为狭隘的经验。通过听课、评课,

将出现的问题提出来，共同讨论、解决，这不正是我们所期待的吗？

这么多年的教学经验让我坚定了一个信念——一个一心研究教学的教师，哪怕不会和其他教师打成一片，哪怕不会和家长沟通关系，较之于那些只停留在"好人缘"和"人际关系"上的教师不知道要强多少倍。当然，我的意思不是要否定前面提到的那几个问题，我要说的是，一个课教得好的教师，一定是最好的德育教师，其道德影响不在于开展了多少活动，更不是特意的汇报表演，而是立足于所教学科的专业影响的释放，这永远影响其学生的学业学习，甚至影响学生一生的人格操守。也就是说，其道德对学生的影响是不言而喻的。所以，我在海淀区"学科德育渗透"的评课会上所说的"学科教学就是最好的德育"的观点，引起了许多德育干部的认同！

教研文化的变革的确是一个漫长的过程。在校长的带领下，我们学校已经形成了比较良好的教研氛围。但阳光再亮，也有照不到阴影处的时候。我们任重而道远。在教师们对课堂教学的尊严普遍漠视，只将课堂教学作为谋生工具的时候，在你没有任何能力改变这一情况的前提下，只能姑且找一种办法——"共同教研"，算作一种唤醒，以期望牵动、带动教师们，从而最终变成他们日常的教学行为。

即使这样，困惑也依然存在。"共同体"已经初见成效，但也很难让教师们在教研中尽情绽放出来。教师在专业研讨中的"失语"现象还是存在。由于各种活动、各种压力的影响，授课教师上完课后没有机会在大家的议论中作解释，更深层次地陈述自己的想法，于是，许多灵感的火花就此沉寂。为了有更充分的研讨时间，许多教研上的交流，更多的时候只能利用下班的时间。可是，有多少教师心甘情愿不下班，跟着评课？有多少教师真正把教学当作"命业"，哪怕是事业来做？即便在我组织的活动中，愿意说话的教师也只是凤毛麟角。大家已经习惯了理所当然的"索取"，更严重的是漠然地把你的苦心拒之门外。

这是一种可怕的沉沦。教师是深耕于教育这片土壤中的农夫，是对这片土地最有发言权的主角。一旦失却其专业主体意识，就将会变成一个贫于思考的盲目者。但是，不管怎样，我们还是读到了一些教师一贯持有的"激情"与"热情",读到了一种对于专业见解的强烈的表达愿望,读到了一种可贵的"坚持",读到了一份难得的专业自信。读到了一些老师听到我的"评课",阅读我的"写课"后的自发的回信,读到了有的教师把教学当作享受的那份喜悦,作为教学引领者的我们,此刻也找到了些许安慰。

路还要走下去,而且还要坚定不移地立足课堂,做好听课、评课这看起来平常,却能为学校的发展提供能量的工作。接下去怎么做?我以为,无论听课、评课,还是写课,都应当一如既往地和教师实现"真正意义上的对接"。什么是教师眼里"真正意义上的对接"?那就是一如从前,彻底而真诚地交换意见,有实质意义地平等深入地讨论课堂问题,让教师在理解你的同时,自己也变得深刻,最终形成自己独特的专业见解、独立的思考能力,进而获得真正的专业成长。

摆在我们教学干部眼前的路,是利用课堂,在和教师们一起成长的过程中,让他们感觉到,自己的专业主体意识,是可以通过听课、评课唤醒的。因此,教学干部要做的,不仅仅是张罗主持,上传下达,更应当是基于学校的情况,努力探索新的教研思路。一旦见效,这一思路就富有了文化意义。它可以使教研活动在很大程度上超越传统模式的束缚,构建符合教师专业成长内在需要的现实道路。

在讲究宏大叙事的今天,抓听课、评课,甚至写课,我认为是最基本的,也是最难做、最需要时间来验证其效果的工作。倘若更多类似的教研文化氛围得以萌生,那么,这将不只是教师的福祉,更是学校,乃至民族教育的福祉。

1. 教师要有语言意识

——听《三袋麦子》、《颐和园的长廊》、《踏花归去马蹄香》有感（之一）

2009年8月23日，我在河南虞城某小学听了三节语文课，感触很深，总觉得有写点东西的必要。这些东西，不是课程改革所强调的，也不是公开课要解决的，这些都是平常的课堂中，教师没注意的地方。我将之记下来，以提醒自己，也提醒年轻的教师们。

一、《三袋麦子》

就《三袋麦子》这节课，有这么一些想法：

首先，我听到教师开场提问："你最喜欢什么礼物？"

孩子们回答：

"过生日时妈妈给我的礼物！"

"送给老师的吻。"

"玩具小汽车。"

"生日大蛋糕。"

"别人送我一句'生日快乐'。"

……

教师没有对这些发言进行评价，就直接引入课文："土地爷爷给了三个小动物什么礼物呢?"

请注意,我们大多数教师的开场提问就是为了引出课题。其实,除引出课题之外,教师一定要养成梳理学生发言的习惯,把它们归结到一个点上,或者为它们找到一个出口。比如,上文的开场提问之后,可以这样梳理孩子们的发言:老师听出来了,同学们最喜欢的礼物,有的是看得见的(物质上的),有的是看不见的(精神上的)。那么,文中的土地爷爷会送什么礼物呢?这样就引入了课题,而且还为后面的理解、感悟埋下了伏笔——土地爷爷给的礼物是麦种,但我们获得的礼物不仅仅是物质上的,还有精神上的启发。

接下来是朗读课文,教师让学生一段一段地读。目的是什么?如果是巩固字音,或者整体把握全文,那么,其他学生干什么?首先,对每个教学行为的目的,教师一定要做到心中有数。还要面向全体,不能只让一个学生读,而使其他学生东张西望,仿佛置身课堂之外。

另外,关于读的指导也是个问题。比如:"快要过年了,土地爷爷给小猪、小牛和小猴各送了一份节日礼物———一口袋麦子。"对于这个句子,教师该怎样提示"——"的读法呢?还有,句子里的顿号也是需要指导朗读的,又该怎么读?在这堂课上,孩子们只不过就这么"顺下来了"地读,没有起到读的作用。再有,后文的"黄灿灿"的"灿"是平舌音,"晒晒太阳"的"晒"是翘舌音,教师都没有给予指导。"一年以后,土地爷爷又来拜访小猪、小牛和小猴。"这句话里的顿号和第一自然段中的顿号读的时候有什么不同?这两处都有一个"和"字,作用和顿号相似,像这样的并列的三个名称,中间的停顿语气有什么不同?对此,教师可以充分指导。可遗憾的是,教师根本没有关注它们。

教学中,教师让学生给动物的语言"画出波浪线"。这是指导学生养成良好批注习惯的重要方法。本来挺好的,可是教师在巡视的过程中,不停地评价:小朋友们的波浪线真"漂亮"。这"漂亮"却不带有语文特点,而是一个空泛的词语,如果教师从学生画得是否正确、规范来点评就恰当了。

初读课文后,教师问:"这是怎样的小猪?这是怎样的小牛?这是怎样的小猴?"关于小猪,学生的回答很丰富,如"可爱"、"淘气"、"能干",等等,教师没有进行过多指导,就这样问过、答过,而没有生成。学完了之后,教师又来问:"这是怎样的小猪?"结果学生的回答和刚开始上课时还是一样的,可教师还是"好,好,好……"地肯定着。语言从哪里来,又回到哪里去,没有任何生成。这种"从表面到表面滑行"的学习,没有找到进入文本的"穴口",文本语言的肌体自然就"活"不起来,学生语言的触须也没有怎么摆动,或者摆动幅度很小。

二、《颐和园的长廊》

教师从上课开始,就将"颐和园"的"颐"读成第四声,然而,这个字应该读第二声,而且还是课后生字,教师在给学生指导的时候还是读第四声,奇怪的是,竟然没有一个学生站起来纠正。

再说说教师的提问。上课伊始,教师问道:"你去过哪些地方?"学生说了很多地方。其实,这样的提问,可以放在美术课上问,也可以放在科学课上问。而对于这篇五年级上册的课文,面向高年级的学生时,要将之从感性的游览变成理性的形容。因此,教师应该这样提问:"我们的祖国历史悠久,文化繁荣,你一定到过一些名山大川,见过一些名胜古迹,那么,你打算用怎样的词语来形容你去过的那些地方呢?"这样一来,就有语文味了。

教师不但自己表达的时候要有语言意识,就是请学生说话的时候,也应该有一双会诊断的耳朵。当这位教师让学生用一个词来形容长廊的时候,有个学生说"壮观、美丽","美丽"这个词很泛化,"壮观"也不恰当,可教师还是给予肯定评价——"真好"!其实,这篇课文讲的是长廊的三绝,应该说"拍案叫绝"是最恰当的。

三、《踏花归去马蹄香》

这里仅就教师的语气来谈。如果往好的方面说,教师的语言是干净、利索的。但是，课堂语言应该是充满启发的对话和交流。在整堂课中，教师的语气显得过于生硬，仿佛在"逼"学生说话。比如："学过的知识你忘了吗?!""那你把这句话说全了！""第三个画家呢？嗯？""我认为说得还不到点儿！把它（词语）塞进去……""他是瞎蒙的吗？"这么看也许不觉得怎样，但当你坐在下面，和学生一起听课，再仔细品味一下这些语言时，也许你就会感觉到，这个教师的语言是多么的凌厉、刻板，甚至可以从中听出这个教师的脾气很急躁，不禁联想到这该是一个多么厉害的女教师啊！那么，教师的语气能否"义正词婉"一些，"理直气和"一些呢？

四、三堂课共同的口头语

我发现了一个有趣的现象——三位教师的口头语都是"谁来告诉我"或"谁来回答老师的问题"。想想吧，这是公开展示课，如果是平时的课堂，我们的教师可能堂堂充满"谁告诉老师"、"谁告诉我"这样的话语。时间长了，学生肯定会感觉学习是给老师学的，回答问题也是给老师回答的。

在这里我要明知故问一下：我们是为学生上课，还是为教师找答案上课？我们的学习是为了学生还是为了完成教案的行走？语言的背后，投射出的教师对学生的态度，是唯我独尊，是目中无人，还是心中装满学生？

综上所述，我要说，教师的开场白、过渡语、小结语……所有的一切，都能体现一个语文教师的素养。教师就是第二本语文书，从某种意义上说，站在讲台上，你就是语文。那种四平八稳地作惯性运行的一问一答式的非语文的对话，容易造成对"语文"的遮蔽，致使学生的语文学习在极端的沉寂与喧嚣之间游走。教师啊，我们太需要一种基于细节的深刻体察，能不能就从自己说的每一句话开始，从上课的第一时间开始，一步步自觉地"漂洗"教学中的杂质，每一处都力争显现出语文的真面目？

2. 教师究竟在教什么

——听《三袋麦子》、《颐和园的长廊》、《踏花归去马蹄香》有感（之二）

首先，我们要明确一点——说白了，教学内容就是"教什么"。基于这样的认识，我们来研究研究这三堂课。

一、《三袋麦子》

首先，关于词语的理解。比如理解"迫不及待"时，让学生联系生活。学生说：放学了，我迫不及待地要回家。这个学生说得很好，因为这个意思正好和文中小猪"迫不及待地把麦子磨成面粉"中"迫不及待"的意思近似。可教师并没有到此为止，而是拿出饼干，问学生愿不愿意吃，学生说愿意，于是找学生到前面吃饼干——要表现出"迫不及待"的样子。然而，此"迫不及待"非彼"迫不及待"。而且，这个表演并不恰当，孩子迫不及待地吃饼干，是故意表现出来的。其实，"迫不及待"很好理解，只要将它放在一定的语言环境中就好了。

其次，关于"小猪、小牛和小猴"收到土地爷爷的礼物，各自用它做了不同的事情这个问题，教师引导学生讨论谁做得对。结果，两个学生站起来发言，他们的认识一样，都认为小猪做得对。教师没有深入这个问题，就进入下一个环节的学习。直到最后，关于究竟谁做得对，教者就根据文章的唯一答案，给出了结论。其实，这篇课文本身有问题。

小猪的本性决定了小猪拿到麦种后就将之加工成了吃的。小牛的本性决定了它的做法，这也未尝不可。唯独小猴播种，最后丰收了——"老人抚摸着小猴的头，兴奋地……"。问题不是谁做得对，要讨论的是，这几个动物的做法都没有错，因为土地爷爷当初并没有告诉它们自己的意图，现在土地爷爷应该回过头来告诉小猪、小牛，可以怎么做。由于开始时没有展开讨论，学生的思维触角没有被弹拨，等到这节课结束时也没有再讨论，就这样稀里糊涂地下课了。

另外，关于课文的重点段落，教师让学生表演。这里又出现一个问题——这究竟是第几课时？要孩子在初读课文的情况下就进行表演是很为难他们的，除非他们事先排练了（学生的表演让我感觉是事先排练好的）。要知道，表演是一种对语言的再创造，对内容的再次升华。

还有，最后的延伸是否合适？教师在屏幕上打出"一百元钱"，问学生怎么把钱花掉。学生们当起了"小猪"、"小牛"、"小猴"。他们的发言哪个是绝对正确的，哪个又是绝对错误的呢？这就和文中的三个小动物对待麦种一样，答案一定不统一。而且，他们这样发言并不等于他们就要这样做，于是又一个问题冒出来了：他们的话是真是假？这样的延伸合适吗？是不是"穿鞋戴帽"？

二、《颐和园的长廊》

教师出示的资料很丰富，有对颐和园的"苏州街"、"长廊"、"一千多棵古树"等的介绍。但在讲课结束后留作业时，又让学生收集有关颐和园的资料，不知为何？是延伸？可是交代却不清楚。

最关键的是，我们应该知道这篇课文只是"用件"，换句话说，只是"习作例文"，可教师却将之当成了一篇游记——在"体会长廊的美"这个教学目标上，过于凸显了人文性。就长廊的建筑艺术来说，课文交代了三个特色：造型绝，风水绝，结构绝。这"三绝"都是独立成段来写的，而且都是总分结构。教师完全可以根据写作特点进行指导。比如，可以先研究"一绝"：这一段在写作上有什么特点（总分的关系）？是怎么写的？这样写有什么好处？从中体会结构的眉清目秀、层次清晰。当然，还可以进一步追问：这三段可以调整顺序吗？回过头来再看，第三自然段和这几段又有什么关系（还是总分的关系）？这就不仅落实了课后练习"课文的'三'和'八'自然段有什么作用"的任务，还能更好地引导学生整体把握文章写作的方法。

为什么教师只是在人文上做文章？为什么只在一个字、一个词上做文章？高年级"咬文嚼字"的"咬文"体现在哪里？就是"嚼字"，也没有抓到点子上。比如，课文"结构绝"中的"一间一景、一景一画"，教师完全可以在这里补充长廊的一"景"中的一"画"（比如里面有张飞在长坂坡的故事、赵云的故事等）。还有课后要求掌握的"引人注目"、"凉风习习"、"依山傍水"、"精湛技艺"、"赏心悦目"、"意犹未尽"、"引人入胜"等词语的教学，都没有在课堂上体现出来。

更有意思的是，教师留的作业是"用本文的写作手法，写写校园一角"。课上完后，学生该问了：课文究竟采用了什么写法？教师没有教，让学生拿什么来写？

三、《踏花归去马蹄香》

对于这一课，教师采用串讲的形式，走一步，讲一步。从中明显可以看出这个教师平时很可能就是这样教学的。虽然教学的顺序有些时候就是阅读的顺序，但是，面对高年级学生，如何长文短教，如何抓住重点，都是值得思考的，是可以因课文特点而改变的。

课上，教师让学生寻找这些画家所作的画，第一个画家用"踏花"表现，第二个用"马"表现，第三个用"马蹄"表现，第四个用"蝴蝶"表现。接着又让学生找文中形容画家作画的词，第一个是"绞尽脑汁"，第二个是"煞费苦心"，第三个是"运思良苦"，第四个是"独具匠心"。然后又进一步分析，前三个画家只着眼于个别词句，而不是全面分析，而最后一个画家则注意全面理解。在这个过程中，教师整整花了一个小时的时间。在最后的练习环节，教师就"深山藏古寺"和"红杏枝头春意闹",让学生想象其意境。此刻,我们要反问一句:意境在哪儿?该怎么立意?整堂课上,学生都是困惑的,以致到最后让学生完成这个练习时,学生更困惑了,他们无从下手。

其实,课文内容的重难点就在第一段。文中交代宋徽宗绘画时强调意境和立意。教师一定要抓住这两个词,先查字典,再进行比较,区分什么是意境,什么是立意,然后拿出"深山藏古寺"、"红杏枝头春意闹"或者"春风又绿江南岸"等著名诗句,让学生揣摩其意境究竟是什么。要让学生明白,意境不是眼睛能够看到的,而是眼睛看不到的。那么,这些诗句中什么词语所表达的是看不到的,可以给你无限想象的空间?学生应该会说出"藏"、"闹"。接着让学生进一步想象,该怎样让这样的意境"立意"起来,也就是表现出来。这样,你就得找到能让意境表现出来、"立"起来的事物。

在第一自然段中解决了这些问题后,我们根据课文叙述的这件事,和这些画家一起,也来考考自己。于是,学生就会发现,前几个画家虽然绞尽脑汁,煞费苦心,但是都没有找到能让意境"立"起来的事物。之后,可以再点评这些画家是怎么表现的,为什么会出现这样的结果。这样一来,我们就明白了这篇文章究竟要说明什么,什么才是皇帝想要的构图和意境。课文不是让我们都去当画家,都去寻找意境以及弄明白怎样立意。教师要引导学生善于观察,学会用看得见的形象来表现看不见的形象,也就是要看到眼睛看得到的地方,还要想到眼睛看不到的地方。

最后,教师可以再拿出刚才的那几个诗句,比如"深山藏古寺",让学生来"立意",我想,这个时候,学生就轻松了。比如"藏",靠什么立意?可以靠"深山中的余音缭绕"。有个学生说:"画面上要有山,有鸟,只不过一群鸟都跑了……"其实,这还不是最美的,倒是有一个学生说的"人们拿着香走进深山,有一个和尚挑着一担水在往前走",有点儿意思。

四、三堂课中课件的使用

课件的使用一是要科学。《三袋麦子》课件中的动物形象，不是真实的动物，而是卡通形象，而且风格也不统一。这和童话故事的味道吻合吗？《踏花归去马蹄香》的课件下角有一位西方博士形象，手里拿着教鞭，和本课中的宋代背景一点儿也不搭界。课件中有一匹马在奔驰，这不是画出来的，而是照出来的，蝴蝶也是卡通的——整个一个现代版"踏花归去马蹄香"。这就容易让人产生一种错觉：难道最后一位画家画的就是这样一幅画？就是这个水平？我们的皇帝不是在寻找"立意"和"意境"吗？课件中的这幅画，何谈"意境"和"立意"？

二是要恰当。这几节课中课件的字体，大多不清晰，而且是蓝色的，影响学生的视觉，再加上图片大于、多于文字，没有体现出语文的特点。比如教学《颐和园的长廊》时，教师可能是为了吸引学生，所以在课始展示了颐和园的景观"长廊"、"万寿山"、"佛香阁"、"十七孔桥"的图片，问学生喜欢不喜欢。然后就进入课文的学习。要注意，不能过多地让"非语文手段进课堂"，尤其是面向高年级学生时，因为他们早就进入了理性思索的阶段。最好不要一开始就把大量画面塞给学生，这些先入为主的图画是不利于学生对文字的感悟揣摩的。

综上所述，首先，语文内容的学习是"鱼儿离不开水"的游走、"瓜儿离不开秧"的生长。语文离不开汉语语境、人类文化、社会生活和学生的言语生命精神这些根基和原点。否则，语文之"鱼"必将干枯而死。当然，语文和这些根基与原点之间不能画等号，不过，它们之间存在着微妙而精细的"触点"和"接口"。教学就是要在这些"触点"、"接口"上下工夫，在"连接"、"沟通"、"激活"上下工夫，要提供尽可能多的机会、环境和氛围，这样才能使学生"语言的活性"本能地得到滋养，得到培植，得到发展，最终成为学生思维的活性、心灵的活性、言语创造的活性。语文教师啊，快把"鱼儿"放入"水"中吧！

再者，语文漫无边际，无比丰富。但核心和关键就是"言"与

"意"。言，不仅指静态的、共性的、符号性的"语言"，更多的是指大量的、动态的、充满鲜活个性的"言语"，其中既包括繁复的字、词、句、篇、语、修、逻、文等语文知识和文学常识，又包括从古至今数不胜数的言语表达技巧和艺术。这些，体现了语文课程的工具属性，在教学中不能丢。意，不仅指思想、概念、鉴识、数理等逻辑思维，更多的是指印象、情绪、想象等形象思维和情感、思想、意念、理想等心理活动，以及人性、人情、人道等内在的心灵世界。而这，是比大海和天空还要广阔、深邃得多，比世界还要缤纷斑斓、丰富壮丽得多的。这些，体现了语文的人文属性，也是语文课程的内在意义，我们要找准、吃透。

3. 教学韵味，不仅仅是感觉

——听《枫叶如丹》有感

这是我第二次听这位年轻教师的课。第一次是她来应聘的时候，我被她身上语文的韵味吸引了。有意思的是，这次听的恰是五年级"韵味"单元的《枫叶如丹》：

> 物华天宝，斗转星移，转眼已是秋天。秋天是萧瑟的季节，也是丰收的季节；是成熟的季节，也是获取的季节。在金秋，"落霞与孤鹜齐飞，秋水共长天一色"；在金秋，"碧云天，黄叶地。秋色连波，波上寒烟翠"。
>
> 中国历代文人，写下了不少咏叹秋天的佳句名篇，如唐代诗人杜牧的《山行》：远上寒山石径斜，白云生处有人家。停车坐爱枫林晚，霜叶红于二月花。
>
> 这首诗为我们描绘了一幅夕阳斜照，枫叶流丹，层林尽染的秋天美景。秋之霜叶，经历了夏秋两季风霜的锤打考验，更加饱满而茁壮，所以才比二月花红。

教师的开场无论是自咏还是引读，虽见文中"秋"，但声音柔柔的，颇具韵味。学生随着语言的"流"，跟着吟诵了《山行》。教师又引用了陈毅的"西山红叶好，霜重色欲浓"，然后引导学生：让我们一起走进秋天去看看那令人陶醉的秋之枫叶。

到此，教师和学生一起融入课文，教师板书了课题。

教师还把"丹"字描红了，让我以为，这堂课要围绕这个"丹"字做文章了，可一直到下课，教师也没有想起这个"丹"字。其实，从文中的"霜重色欲浓"，教师就可以解释"枫叶如丹"的"丹"指的是什么颜色。这样切入，让导语与课文的内容链接得天衣无缝，才是最佳境界。

当然，不仅仅要让学生理解"丹"的颜色，"枫叶如丹"的意蕴也要在课堂上铺展开来。教师、学生、文本三者之间，要相互"倾听"，形成对"枫叶如丹"的真正理解。

"枫叶如丹"在文中先后出现了三次，每一次意蕴都是不同的——由丹的颜色，推展到生命的颜色，再到生命的力量与久远。

下面，我们就一边回顾教学过程，一边讨论，看看怎样落实以上的"我以为"。

教学分成两个部分，按照课文的结构层次进行。这样循着文本的脉走，很好。

第一部分：

春天，绿的世界。秋天，丹的天地。

绿，是播种者的颜色，是开拓者的颜色。人们说它是希望，是青春，是生命。这是至理名言。

到了夏季，绿得更浓，更深，更密。生命在充实，在丰富。生命，在蝉鸣蛙噪中翕动，在炽热和郁闷中成长，在暴风骤雨中经受考验。

于是，凉风起了，秋天到了。

万山红遍，枫叶如丹。丹，是成熟的颜色，是果实的颜色，是收获者的颜色，又是孕育着新的生命的颜色。

撒种，发芽，吐叶，开花，结实。

孕育，诞生，长大，挫折，成熟。

天地万物，人间万事，无一不贯穿这个共同的过程。而且，自然与人世，处处相通。

课文的这段文字太美了，于是我一边听课，一边记下这美丽的语言。教师让学生朗读这段对"绿的世界"与"丹的天地"的描写，并欣赏景色（播放课件）。这一环节很简单，也比较舒服。朗读之后，紧接着进入话题讨论："课文中写到春、夏是绿的世界，秋天是丹的天地。你喜欢绿的世界还是丹的天地？喜欢绿色世界的同学一起把书中的相应文字读一读；自然界由绿的世界变为丹的天地，你们喜欢吗？也找出书中的句子读一读。"

这一段只要朗读——引读、导读或齐读即可。不过，读后要注意的是，这一部分描写的落脚点，要与题目联系起来。要在反复朗读后，落脚在"大自然的变化就是'枫叶如丹'"的过程上。由此，学生们讨论的"那一抹嫩绿与嫣红，你更钟情于哪种"，就指向了"由绿的世界变为丹的天地"的过程，自然界万物都要经历这个过程，它撒种、发芽、吐叶、开花、结实，从而走向"枫叶如丹"。

进入第二部分内容的教学前，一定要注意第一部分的最后一个自然段，因为这是承上启下的过渡段。教师要让学生好好读读这一句，让他们明白天地万物要经历孕育、诞生、长大、挫折、成熟，即"枫叶如丹"的过程——天地万物、人间万事，无一不贯穿这个共同的过程。

当然，过渡段的意义不仅仅在文章结构以及内容的连接上，还有"意义"的承接，也就是第二部分的"枫叶如丹"所蕴涵的"生命意义"。这堂课的关键点是要抓住这个"眼点"，那么，文中要通过"枫叶如丹"表达的生命意蕴就都出来了。因此，关于过渡段的作用学生也就清楚了。

本课的教学目标有两条：一是理解关键句子在文章结构中起到的作用；二是领悟作者思想感情发展的脉络。其实，这两个目标都要通过这个过渡句（过渡段）来落实。遗憾的是，这一点在这一教学过程中没有显示出来，教学成了一种感觉或感情的抒发，而不知"韵味"究竟"蕴"在哪里。

回过头来再看看教师是怎么处理第二部分的——快速默读课文，理解第二部分叙述了一件什么事：作者在澳洲看枫叶，给一个女孩照相，重新感受"枫叶如丹",最后深刻认识到"枫叶如丹"之意。

总体入手后,教师让学生自读课文,讨论作者对 R 先生家的枫树印象的变化:红艳艳的枫叶,挂满一树,铺满一地;再望望那株枫树,竟如一位凄苦的老人在晨风中垂头无语。让学生思考:为什么要用一位凄苦的老人来比喻枫树呢?老人(作者)的心态是孤独、凄凉的,这株枫树与老人都是孤独寂寞的。作者将枫树比作老人,是将枫树人格化。于是,教学的广度由此展开——

中国文人有"悲秋"的传统,宋玉的《九辩》开创了文人悲秋之先河:"悲哉秋之为气也!萧瑟兮草木摇落而变衰,憭栗兮若在远行,登山临水兮送将归。"曹丕在《燕歌行》中咏叹:"秋风萧瑟天气凉,草木摇落露为霜。"

秋天可谓悲悲切切、冷冷清清、凄凄惨惨戚戚。景色如泣如诉,观者如痴如醉。这里的"广度"生发,意在先"抑下去",然后"扬起来"。这个我理解。不过,语言的结构与小学生的心理并不吻合,给中学生讲这些内容倒还合适一些。这里就涉及一个恰当与否的问题。

当然,我们的教学可以因这一"抑"而一笔荡开,形成鲜明对比——就在作者觉得"树树秋声,山山寒色"之时,感到"树树皆秋色,山山唯落晖"之际,"木屋门开了,一个八九岁的女孩,蹦了出来……就跑到树下,捡起两片红叶,来回地跳跃,哼着只有她自己懂的曲调"。教师提示了动词"蹦"、"跑"、"跳跃",其实,完全可以将它们抓出来,让学生体会莉贝卡的"充满活力"。

那么,小女孩的出现,为这幅寂寥的秋日图景补充了什么色彩?学生是能说出来的——莉贝卡的出现打破了画面清冷的状况,使画面有了"生命动感"。这个八九岁的小女孩就像一片初生的绿叶,她一出现,一股鲜活的生命气息便扑面而来,作者的心灵深处陡然一震,灵感如泉水般汩汩涌出,就在"刹那间,我按下快门……"拍下一张很具艺术气息的照片,并命名为"秋之生命"。

文中这里又出现了"枫叶如丹"。那么,一定要让学生明白,"枫叶如丹"的"丹"究竟表示什么。——是跳跃的、欢乐的生命!由此,才出现文中的"才更使人感到真、善、美,感到它的真正价值,而且感受得那么真切"这样的感叹。

这个时候,教师引用了毛泽东的《沁园春·长沙》:"独立寒秋,湘江北去,橘子洲头。看万山红遍,层林尽染,漫江碧透,百舸争流。鹰击长空,鱼翔浅底,万类霜天竞自由。怅寥廓,问苍茫大地,谁主沉浮?"说明作者感受到的,不是寒蝉凄切、落木萧萧,而是生命勃发的意志飞扬。这样做也不是不可以,可是刚才学生感受的小女孩生命的"鲜活"与蓬勃,与毛泽东的"意气风发"不能自然而然地连接。若要选择诗词,就要既能体现积累,又能帮助升华,那么,还是背诵"自古逢秋悲寂寥,我言秋日胜春朝"这样的通俗易懂的诗句为妙。当然,教师也完全可以从小学生的年龄特点出发,让他们想想秋天带给自己的快乐,比如"拔根儿"游戏,秋游、采摘等活动,这样联系实际,定能让他们和文中的小女孩达成生命的"默契"。

重要的是,我们的教学需让儿童感觉到这是一种生命的贴近。秋天是生命孕育成长的季节,因为有了生命的跳动,秋天不再萧瑟,不再冷清,不再寂寥,而是积蓄了内在力量,喷薄欲出。

第二部分的最后,作者第三次使用了"枫叶如丹"。北京的香山红叶,使人心旷神怡,但是,若没有那满山流水般的游人,没有那树林中鸣声不止的小鸟,也许人们就会感到寂寞。这时,教师让学生思考:作者到底明白了什么?秋天是一个怎样的季节?既是成熟的季节,又是孕育生命的季节——这不就是文中说的"长久的生命力"吗?然后,师生齐读最后一段,体会什么是真正的成熟、真正的美。

学生终于畅然——枫叶如丹,落叶的秋天就是孕育春天的时候。枫叶如丹,那是生命的轮回啊。教师教案中的"教学重点"——借物喻理的写作手法,秋天的文化含义与品读——不就落实了吗?这就"点睛"了。

教学时,仅仅有一种感觉,还不够;仅仅写在教案上,也不够。要想办法实现这些目标,就要找到一个核心词,即主题,然后走到文字的里面,咂摸咂摸,体会主题的内涵,从而感受到文字的生命。这样,语词就带动了全篇,就又有了"真正的生命"。

如果这样,"枫叶如丹"这个语词及其内在的生命,也许就会成为一个符号,进入学生的心中,并播种在他们的心里。

让我们一起努力,真正在文字中品出"韵味"来,而不仅仅是一种感觉。

[附1 教师回信]

主题教学,知易行难

在执教一个多月后,有幸首次请窦校长听课并得到了详细的指导。其实,在此之前,窦校长已多次提出要来指导我上课,关切之情,溢于言表。无奈我初登语文讲台,底气不足,每觉汗颜,所以时至今日方姗姗登场。听了窦校长精彩的讲评后,顿觉获取要在点滴的实际行动中得到,如果永不付诸行动,就将永远无法向前迈进。

暑假时就已熟读窦校长的著作——《窦桂梅与主题教学》和《优秀小学语文教师一定要知道的7件事》,对于语文教学的基本元素和主题教学的基本概念已有了初步的了解。通过阅读窦校长那精彩纷呈的课堂实录,我对主题教学的操作模式和基本框架已有了一定的了解。但是主题教学知易行难,以为已经了然于胸的概念就可马上运用自如,可实施起来才知远非如此。听了窦校长的点评后,我对主题是什么以及主题如何确定有了感性的认识,对主题教学的探索进入了实践阶段。

《枫叶如丹》一课,我确定的主题是秋天的内涵,但对于秋天的内涵在课文中究竟如何体现还未深挖。我最初以为秋天的内涵是在人对秋天的不同品读中体现出来的,比如中国文人悲秋的传统或本课作者袁鹰对成熟生命的赞美。所以我把教学重点放在对秋天的不同人生态度的对比上,并引入了课外诗词扩充秋天的内涵,拓展教学的广度。引入的诗词分别为宋玉的《九辩》、曹丕的《燕歌行》和毛泽东的《沁园春·长沙》，以期让悲怀与豪情形成反差。但引入的诗词与学生的实际接受水平有一定距离，所以学生在似懂非懂之中没有完全理解秋天的内涵。

由此，我领悟到广度的拓展应在温度光环的照耀下有的放矢、贴近实际。秋天的内涵是否需要从课外资料中去挖掘？其实并不需要，因为课文文本已经为我们提供了答案。文章熟则内涵明，课文通则思路清。"问渠那得清如许，为有源头活水来。"课文文本就是那为教师提供源源不断的灵感的活力之泉。

《枫叶如丹》一课的主题在哪里？就在标题中，就在课文中。秋天的内涵究竟是什么？就是"枫叶如丹"。"枫叶如丹"这个短语在课文中出现了三次，从不同层面阐释了秋天的内涵，互为补充，逐次增补，螺旋上升，达至顶峰，把秋天的内涵一步步推到了一个淋漓尽致的生命体验、一种温情脉脉的生命关怀之层面上。

在得到窦校长的指点后，我不再如"盲人骑瞎马，夜半临深池"，顿时在苍茫林海中寻觅到了通往洞天福地的希望之路。我重新修改了教案，抓住"枫叶如丹"做文章，引导学生逐步体验秋之内涵。第一层，"枫叶如丹"之"丹"代表了秋之色彩；第二层，"枫叶如丹"之"丹"代表了秋之生命；第三层，"枫叶如丹"之"丹"代表了恒久的生命。正如窦校长所言，韵味，不仅仅是感觉。

我想我应该让秋之韵味深深走进学生内心，在他们心中撒下"真、善、美"的种子，让他们对于生命的轮回得到人生最初的体验。"仁者爱人"，文者好文。爱文学即爱人生、爱生命。在对本课主题的解读中，温度、广度和深度三者合一。

"纸上得来终觉浅，绝知此事要躬行。"很庆幸我走出了探索的第一步，很庆幸我得到了热情的指导。在成长之路上，我最初留下的脚印也许是歪歪斜斜的，但这稚嫩的脚印就是我成长的证明。在摸爬滚打后，在磕磕碰碰后，这串串脚印有朝一日会连成一条直线，引领我迅速地通往前方。我期待，泥泞路途通向的是那神秘莫测、妙不可言的奇葩之园。

杜朝晖

[附2 教师修改后的设计]

教学目标：理解关键句子在文章结构中起到的作用；学会如何领悟作者思想感情发展的脉络。
教学重点：借物喻理的写作手法；秋天的文化含义与品读。
教学难点：引导学生理解秋天的意蕴。
教学过程：

一、导入

1. 物华天宝，斗转星移，转眼已是秋天。秋天是萧瑟的季节，也是丰收的季节；是成熟的季节，也是获取的季节。

2. 唐代诗人杜牧有首关于秋天枫叶的古诗，谁能背诵？请看这首诗（略）。这首诗为我们描绘了一幅夕阳中，枫叶流丹、层林尽染的秋天美景。秋之霜叶经历了夏秋两季风霜的锤打考验，因此它的生命力更加饱满而茁壮，所以才比二月花红。

3. 陈毅元帅诗云："西山红叶好，霜重色欲浓。"漫山遍野皆是红叶，在风霜洗礼下红色更鲜艳了。在秋日，枫叶如丹。（板书课题"枫叶如丹"）这"丹"究竟指什么？（明确：一种红色，在"丹"字下板书"红色"）红色给人以什么样的感觉？（强烈，鲜明，有活力）

二、精读课文，理解感悟

1. 学习第一部分

（1）在枫叶如丹之前，它曾经是一抹嫩绿。（播放课件，展示"绿的世界")朗读关于"绿的世界"的文字。

（2）"于是，凉风起了，秋天到了。"引读，"万山红遍，枫叶如丹。丹，是成熟的颜色，是果实的颜色，是收获者的颜色，又是孕育着新的生命的颜色。"（播放课件，展示"丹的天地"）

（3）春去秋来，自然界由绿的世界变为丹的天地，这需要一个过程，自然界万物都要经历这个过程，它是（学生接着说）撒种、发芽、吐叶、开花、结实。（播放关于植物生长的课件）

（4）枫叶如丹，由最初的嫩绿到后来的嫣红，不知经过了多少暴雨的袭打，不知经历了多少风霜的洗礼。这"丹"仅仅是普普通通的红色吗？"丹"是一种蕴涵了什么意义的颜色？（让学生再读"丹，是成熟的颜色，是果实的颜色，是收获者的颜色，又是孕育着新的生命的颜色"。）

（5）自然界植物都要经历"撒种、发芽、吐叶、开花、结实"的过程。那么我们人呢？（播放关于人的发育的课件）

（6）自然界植物要"撒种、发芽、吐叶、开花、结实"，人生也如此，它要经历（学生接着说）孕育、诞生、长大、挫折、成熟。

（7）所以"天地万物、人间万事……"（引导学生齐读第一部分最后一段：天地万物，人间万事，无一不贯穿这个共同的过程。而且，自然与人世，处处相通。）

（8）时间就像一位魔法师，以绿叶为底料，加上狂风、暴雨和寒霜等作料，精心酿制出了一坛颜色深红、香气扑鼻的葡萄酒，酿出的是枫叶如丹般的色泽。枫叶如丹，这"丹"代表了一种颜色，更蕴涵了一个过程。枫叶如丹的历程是一种怎样的历程？谁给我们读读？（个别学生读后再引导学生齐读"孕育、诞生、长大、挫折、成熟"）

2. 学习第二部分

（1）自然界的变化是枫叶如丹的历程，人世间的变化是否也是这样？自然与人世，真的处处相通吗？下面我们带着好奇心一起看看第二部分。看看作者亲身经历了一件什么事，从中他体会到了什么。快速默读课文，思考两个问题（课件出示自读提示）：① 第二部分叙述了一件什么事？（写照相的经过）② 第二部分与第一部分内容有何不同？如何衔接起来？（过渡段衔接抒情与叙事）

（2）讨论：作者对 R 先生家的枫树的印象，有几次变化？（指导朗读）课件出示：① 红艳艳的枫叶，挂满一树，铺满一地。② 再望望那株枫树，竟如一位凄苦的老人在晨风中垂头无语。

（3）作者为什么要用一位凄苦的老人来比喻枫树呢？（学生讨论交流）

① 老人的心态是孤独、凄凉的，这株枫树与老人的相似之处是一样的孤独寂寞。作者将枫树比作老人，是将枫树人格化。自古以来中国文人有"悲秋"的传统，战国时楚国诗人宋玉的《九辩》开创了文人悲秋之先河："悲哉秋之为气也！"曹丕在《燕歌行》中咏叹："秋风萧瑟天气凉，草木摇落露为霜。"

② 秋天可谓悲悲切切、冷冷清清、凄凄惨惨戚戚。景色如泣如诉，观者如痴如醉。就在作者觉得"树树秋声，山山寒色"之时，感到"树树皆秋色，山山唯落晖"之际，"木屋门开了……"（引读关于小女孩出现的文字，指导朗读）

（4）莉贝卡"蹦"、"跑"、"跳跃"、"哼"。这段文字中，既有动作又有声音，真是绘声绘色啊！充满活力的莉贝卡的出现为这幅寂寥的秋日图景补充了什么色彩？（莉贝卡的出现打破了画面清冷的状况，使画面有了动感。这个八九岁的小女孩就像一片初生的绿叶，她一出现，一股鲜活的生命的气息便扑面而来，作者的心灵深处陡然一震，灵感如泉水般汩汩涌出，所以迅速按下快门，拍下一张很具艺术气息的照片，并命名为"秋之生命"。）

（5）于是，就在"刹那间，我按下快门……"（引读关于作者照相和为之命名的文字）

（6）秋季是个无比美好的季节，在秋季我们有着丰富多彩的活动：去郊外采摘红彤彤的苹果，在校园里拾起金黄的落叶，与同学结伴去秋游……你们就像莉贝卡一样，为秋天注入了无限的生命活力。请用下面的句式说说你喜欢的秋季活动：秋天真是美好，天空是那么蓝，我喜欢（　　　）。

（7）你们是秋天中最鲜活的生命，你们的跳跃是秋天里最动人的风景，你们的笑脸是秋天里最美丽的果实。因为有了生命的跳动，秋天不再萧瑟，不再冷清，不再寂寥，而是积蓄了生命的内在力量，喷薄欲出。

（8）当作者看到如同你们一样鲜活的生命——莉贝卡时，在那一刹那间，作者到底恍然明白了什么？（引读："枫叶如丹，也许由于有跳跃的、欢乐的生命，也许它本身正是有丰富内涵的生命，才更使人感到真、善、美，感到它的真正价值，而且感受得那么真切。"）

（9）枫叶如丹，这"丹"是热烈的红色，是血液的颜色，是生命的颜色。我们的血管里不再流淌着如丹的血液，当我们的一片丹心停止了跳动时，生命也就走到了尽头。枫叶如丹，"丹"即是什么？（秋天的生命，跳跃的、欢乐的生命，有丰富内涵的生命）（板书"生命"）

（10）"落红不是无情物，化作春泥更护花。"这些如丹的枫叶，有一天秋风会带走它们，使它们悄然飘落在泥土里。它们在土壤里静静地为来年孕育新的生命。它们的生命是不死的，等到春天，它们又开始"发芽吐叶"，又探上枝头向我们绽开笑颜。年年岁岁，周而复始，始而复周。生命就在这四季的轮回中繁衍不息，我们人类也在历史的长河中代代相传。枫叶如丹，它所显示的生命活力是短暂脆弱的吗？是昙花一现吗？（待学生回答"不是"）那么，枫叶如丹显示的是一种怎样的生命力啊？（引读："枫叶如丹，显示着长久的生命力。'霜叶红于二月花'，经历了这个境界，才是真正的成熟，真正的美。"）（在"生命"二字前板书"长久"）

（11）齐读最后一段。（配乐朗读）

四、作业

关于秋天的树叶，有一本著名的关于生命的童话书，叫作"一片叶子落下来"。可以找来读读。

　　[备注：有两个疑问。一是"枫叶如丹"第二次出现时赞美的是年轻的生命（绿），与第一、第三次赞美成熟的生命（丹）不符。二是初秋很美好，深秋却寂寥。作者赞美的似乎是初秋，到了深秋可能又是别样心情了。两种对秋的品评落脚点不一样。]

4. 课堂上的"应变"与"调控"

——听《三打白骨精》有感

这个学期，学校语文研究的共同主题是"故事"，以《西游记》为依凭，尝试了多种课型的试教，卫京晶老师上其中的讲读课，试教中她一次比一次"痛苦"。这痛苦不是因为失败，而是因为她备得太充分、太投入了。但作为指导者，因为不是"零起点"地听她的课，所以我的情绪是冷静的——透过教学的环节，能够细致地听到她和学生交流的每一句话，越是细致，越容易发现问题。当然，也希望越多地呈现这些问题，越利于她的成长。

应变能力

教学是师生的双向活动，也是信息交流的过程。由于学生个体的智力因素与非智力因素不同，课堂的信息反馈也常常会因人而异，呈现出多样性和随机性，这就要求教师有随机应变的能力，而卫老师恰恰在这一点上有待提高。

课，从对题目中"三打"的解读开始。在"为什么要打白骨精"的问题提出来之后，学生直接读出课文中写白骨精的话——"白骨精不胜欢喜，自言自语道：'造化！造化！都说吃了唐僧肉可以长生不老。今天机会来了！'"。备课的时候，我们指导卫老师要先抓"自言自语"，再抓"不胜欢喜"，让学生体会妖精的心理。于是，课堂上教师先让学生反复朗读这句话，体会白骨精"自言自语"会怎么说。学生朗读时很带劲。

有意思的是，学生在朗读的时候，还不住地对人物加以点评，有的说白骨精自我陶醉，有的说白骨精太兴奋了，还有的说，此时的白骨精已是激动万分啦。学生的发言已经触及了文中的"不胜欢喜"，就差教师"点睛"了。如果这时候，教师听到"激动万分"，马上归纳："课文中有一个词和你说的差不多，是哪个？"我相信，学生一定会异口同声地说出"不胜欢喜"来。明明备课时想到的两个环节，在课堂上竟变成了一个环节！多好的"意外收获"啊！（"激动万分"是多向的，"不胜欢喜"是单向的。就两个词语本身来说，它们还是有很大的差异的。）

可教师似乎没听见，接着问道："同学们，你们刚才谈的'自言自语'真好。下面我们再看看，这句话中还有一个词叫'不胜欢喜'，你怎么理解？"于是，学生在教师的"回头路上"又走了一遍。

你看，在这"意外"的"生成"面前，墨守成规，或措施不当，就会影响教学效果。当学生的信息反馈，出现了教师在教学设计中，未曾料到的突发性信息时，教师必须敏锐应变，迅速地判断并及时作出准确的"因势利导"。看来，应变能力，的确是卫老师，以及我们大家必须掌握的基本功。

（如何敏锐地抓住突发信息才是最重要的，如果能对如何应对课堂上的突发信息作一番研究，那就太有价值了！）

调控能力

教师课堂上的调控能力体现在多个方面，40分钟里，从教学内容的呈现，到对学生的组织；从个人的发挥，到对整个过程的节奏把握，等等。总之，教师的调控能力，是教师从事创造性劳动必不可少的心理品质，它是敏锐的观察、灵活的思维、准确的判断、果断的处置等心理素质的有机结合。这一点，对于卫老师、我以及其他教师来说，都是需要一生修炼的功课。

比如对学生发言数量的把握。教学中有一个环节——看妖精变的

"村姑"图，想象"村姑"的美貌。原著中描写"村姑"用了一大段话，读着感觉可真是"美若天仙"。课文呢，由于是《西游记》的压缩文本，仅仅用了"美貌"一词。因此，教师从小人书中选了一幅插图，让学生看图说说"村姑"怎么美。

学生用了很多形容词，什么柳叶眉、杏核眼、樱桃小口，什么赛西施、比嫦娥，等等，没完没了地把脑子里的"货"尽情地抖搂出来。教师呢，就任学生尽情地说。你想，形容美貌的词语多了去了，哪儿能说得完？关键是没有必要这么充分地体现妖精的"美貌"。学生说的一会儿是词，一会儿是句子，没有层次感。其实，只要听到有三个学生说出点睛之词，就可以了。（不必堆砌，关键是准确）

教师啊，就缺这么一个"及时刹车"的调控。结果，这堂课超出了十分钟左右的时间，我想，这是类似上述环节的"拖沓"，教师没有把握好。

又如对个别学生的发言次数的把握。卫老师班里有个学生，总是大声"畅所欲言"，有时也小声"自言自语"。卫老师还总叫这个学生发言（这个学生发言还很精彩）。这位老师很有爱心，对学生自然也有耐心。但凡事做过了，就成了一种"纵容"。

不管怎样，对于这样的学生，哪怕是公开课，教师也要加以"管理"，必须让那些有独创性的见解、有有价值的想法、喜欢抢先的学生知道，和他一起学习的还有几十个小朋友，自主并不等于随便。作为学生，课堂上既要思维活跃，也要"行为规矩"。

再如教师对自身的把握。教师是课堂的"指挥"，因此，在课堂调控过程中，教师还必须对自己的语言、情绪、教学节奏加以控制。

这里单说语言。也许是教师本人性格温柔使然，其语言显得过于"母性"，突出的表现就是"啊"、"呀"、"吧"、"啦"等语气词频繁地出现在课堂教学用语中。比如："白骨精又怎么样了啊？""你看这是谁呀？""妖精变的三个人怎么样啊？"……太多了！

还有，学生接教师的话把儿，教师也接学生的话把儿，甚至重复学生的发言。比如讨论孙悟空怎么打的问题时，学生说"劈脸一棒"，教师马上接着说:"嗯,劈脸一棒。"学生说"当头一棒",教师马上说:"嗯,是'当头一棒'。"学生说"抡起一棒",教师又说:"是的,'抡起一棒',结果呢?"

当你孤立地读每句话的时候,你会觉得教师在用一颗心爱孩子、教孩子,一步步引导孩子深入理解课文。可一旦把所有这些连在一起,就觉得"腻"了、显得不干脆。如果把有些口头语、重复语删掉,那么会节省多少时间!而且,学生也会从教师的语言中感受到悟空的"三打"真叫一个爽!

如果说把应变能力和调控能力加起来,算作教学智慧的话,那么,这提醒我们,在不断充实和丰富专业知识、扩大知识面的同时,还要研究学生的认知规律,认真学习教育学、心理学,提高应变能力,由此才能积极能动地适应千变万化的学生,机敏地、富有成效地调控课堂,才能拥有驾驭课堂的能力。

5. 数学，要眉清目秀

——从《搭一搭》中看我们的教学

以往，有人说数学课课堂思路清晰简单，思维严谨，并深入浅出。我以为可以用一个成语概括——眉清目秀。

眉清目秀，清清爽爽，方能"秀"中看清眉目。当然，这里的"秀"，应该是指我们的学生。"作秀"在我们看来是贬义。然而，这个词从西方引入时是褒义，指"表现"。从这个意义上说，教师必须教会学生"秀"，必须引领学生成为课堂上思维活跃的主人。学生呢，也要知道自己"秀"的是什么。换句话说，要知道自己在课堂上究竟能学到什么。只有这样，"秀"的水平和质量才会高，学生才可以清晰地看到自己所学的"眉目"。下面，谈谈一节三年级的数学课带给我的启发。

"搭一搭"（北师大版教材三年级上册）的教学目标是：1. 在拼搭和观察立体图形的实践活动中，培养学生的观察、操作和空间想象能力；2. 在拼搭立体图形的实践活动中，体验并初步学会用上、下、左、右、前、后等词语描述正方体的相对位置；3. 通过实践活动，发展学生的合作意识。

教学重点是"目标1"；教学难点是能根据一定的指令正确搭出立体图形，能正确运用上、下、左、右等词描述物体的相对位置。课前，教师准备了5个大正方体，学生准备了5个小正方体。

个人以为，"搭一搭"这堂课有三个关键词，就是"观察"、"操作"和"空间想象"。看来，这堂课目标很清晰，教学也有路径可循。也许是因为教师过于紧张，尽管教案设计很清楚，整体思路也有，但我还是感觉不出这堂课学生的收获在哪儿。也许，看似没有具体思路，恰恰培养了学生的思路？可转念一想，刚升入三年级的学生还没有建立起空间概念，是否需要一点一点的"启蒙"？

基于这种思考，建议按以下三个步骤教学。

第一步：看，要看得明白

这里的"看"，用数学语言来说叫"观察"。要想完成"搭一搭"的任务，教师须得"看"出名堂。课前复习导入的环节，教师创设了一个情境："图形王国要进行一次大聚会，国王紧急召集正方体搭一座新房子。他还想请同学们去帮忙呢！不过，图形国王想先看看大家的观察能力怎么样，能不能帮上忙。你们敢接受挑战吗？"

接着出示图形，目的是让学生说出这几个正方体组合在一起，从上面看是什么形状，从前面看是什么形状，从右面看是什么形状。对此，教师要做到心中有数，教师的语言应为"观察语言"。然而，这节课所呈现的，是教师要求的不明确和语言的不够严谨。教师的语言既不生动，也缺启发性，给人感觉和他的脸一样一直"绷"着。语言不够准确，导致学生不知所云，从而没能用规范的语言描述出从不同位置看到的形状。

教师的教学设计中，有"正确运用上、下、左、右等词描述物体的相对位置"的要求，让学生用"上"、"下"、"左"、"右"等词把观察到的内容说清楚。可这一点在教学过程中并没有体现出来。学生虽然升入三年级了，可大多数人却没有这种数学语言的意识。这不能怪学生。只有教师强化要求，学生才会有所认识。比如，要引导学生说出"从正面、右面和上面观察到的各是什么形状"，教师必须将几个方位词提示并强调出来。教师不能让学生随便说，不能像以往的语文课那样，让学生"想怎么读就怎么读，想怎么说就怎么说"，这看似体现了学生的主体性，但不是有效的教学方法。因此，教师一定要引导学生用"数学语言"中的方位词来表达。这才能为后面的"摆"（拼搭）奠定方位基础。

再有，这堂课是图形的"观察、拼搭"，要体现立体方位和思维，教学以外的"补充内容"可以尽量减少。比如上面提到的教师创设的情境，这里就有一个误区：国王要搭房子，怎么却看"正方体"呢？我理解，教师一定是为了调动学生观察的积极性才如此动脑筋的。教师要创设情境，但不能为了创设而创设。既然是空间观察，就直接进入观察内容不行吗？干吗兜那么大的圈子？况且，"童话"情境还能"吸引"中年级的同学吗？其实，数学课的情境要尽量体现"生活中的数学"。情境一定要是生活中存在的，学生若觉得真实，就会情不自禁地进入这种真实的场景，自然就会参与其中。如果这样的话，就为下面拼图形提供了生活的参照。（课后教师们说太难了。我也理解。也许自己不教数学，有些"站着说话不腰疼"。）

但我要强调的是，有些时候，运用数学情境一定要考虑科学性，而不是特意嫁接一个。或者，干脆就"开门见山"，直接进入"观察"教学——这就为学生的方位表达扫清了思维的障碍，多么干净清爽啊！

第二步：拼，要拼得正确

这里的"拼"，是学生初步感知，把看到的或听到的结果进行验证的过程，"拼"好了，就为后面的"搭"提供了必要的保证。

第一步，教师让学生根据指令，拼立体图形。教师说："看到大家刚才的表现，国王非常愿意请你们帮忙。他想请大家根据设计师的指令搭房子。"

这里出现了"设计师"一词。一定要让学生搞清楚"设计师"是干什么的，这样学生方能为之后自己当"设计师"明确职责。否则，"设计师"就只是一朵花，插在头上，只有形式，却没有实际的教学意义。或者，干脆就不用这个词，直接提出"拼"的要求。

但在课堂上，教师没有解释设计师是干什么的，自己就先当起了设计师，示范发指令，请一名学生配合自己的指令搭房子，其他同学在下面搭。这个环节的步骤是：1. 横着摆两个正方体；2. 在左边正方体的上面摆一个正方体，3.在右边正方体的后面摆一个正方体。

教师出示课件，如上图所示，然后让学生将搭成的房子与课件进行对照。我看到，由于前面观察时对方位的感觉不够，再加上没听清楚"设计师"——教师的指令性语言，大多数学生此时只顾自己摆，虽然有少数学生对照了电脑屏幕中的图形判断自己"搭"得是否正确，但却"知其然，而不知其所以然"。

轮到学生当设计师，示范发指令时，教师请一个学生到讲台上，并藏在讲台后面设计，不让大家看到。教师对其他同学说，现在我们就是建筑师，看看谁能最快弄明白设计师的指令，正确地搭出房子。

这里又出现了"建筑师"一词。对建筑师，又有什么要求？设计师和建筑师有什么关系？对此，学生还是不清楚。三年级学生即便大概知道这两个词语的意思，但也只是一种语文理解，而并不是数学理解。所以，教师在"创造新词"的时候，这一点也要想到。

另外，"建筑师"必须按照"设计师"的"方位要求"进行拼搭。在这个过程中，既可以检查学生对方位概念的理解，又可以检验学生动手操作的能力。遗憾的是，由于"设计师"没有很好地表达出指令，"建筑师"的建筑"产品"大多不合格。学生分组活动时，教师让同桌同学合作，一个人做设计师，先自己搭出"房子"，而且彼此用书挡着，然后设计师用尽可能少的指令让"建筑师"搭出自己设计的房子，可效果并不理想。

拼的环节，也缺乏层次性。比如教师示范环节：第一个指令说出来后，学生应该怎么摆？教师这个时候要干什么？第二个指令出来后，学生又应该怎么摆？教师又该做什么？这一步一步，都要有计划性和规范性。再比如，学生摆的时候，教师要明白可以摆出什么效果来。教师心中有数吗？再开放的教学，也一定要有教师的参与。

而且，像这样建立初步空间概念的课，一定要循序渐进。可是，学生一上去就从摆五个正方体开始，而没有从三个、四个说起，学生大多在那里"乱摆一通"，根本谈不上"拼"。也就是说，学生"摆"的时候，基本的三个正方体的"摆"没有落实，直接就进入四个或五个正方体的"摆"，难度一下子就上去了，也就"拼"不出来了。

第三步：搭，要搭得合理

要说"搭"，就有技术含量了。不然，为什么编者用"搭"而不用"拼"？看来，这样的"搭"，不是一种游戏，而是有着"立体空间"的智慧含量，比"拼"更进一层。当然，上面的环节，也算在"搭"之列。因为前面的所有铺垫，就是为了体现"搭"的效果。"搭"的水平高低，决定着学生在这堂课中观察、操作和空间想象能力的提升效果。

后面的环节，从观察，到拼，再到搭，教师建议，抛开"设计师"的指挥，自己动脑筋，搭出自己设计的"房子"。

比如，教师提问：你用了几个正方体？如果回答用了三个正方体，答案可能是：

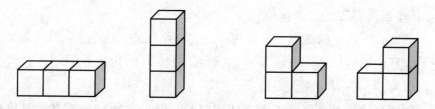

那么，教师还可以继续追问：从正面看是几个正方形？（三个）

教师边问，学生边搭，最后验证。

以上是我摘选的教师的教学组织环节。可是，课堂上，学生们一开始就从摆四个或五个正方体入手，而没有从摆三个入手。因此，当五个正方体搭在一起的时候，学生的操作能力就受到了限制。虽然课堂上教师鼓励学生该提问题时就提问题，但问题是，教师的最基本的提问还不规范。

最后的延伸题是"拓展训练"。

第一题是"国王的难题"——搭一所从正面和右面看，形状都是 ⬜ 的房子，而且希望用最少的正方体，那么，最少需要几个正方体？

第二题是"国王的梦想"——搭一所从正面、右面和上面看，形状都是 ⬜ 的房子，你能帮他设计出来吗？

这样的拓展很好，表明教师是下了一定的工夫的。但遗憾的是，这个环节还没有很充分地得到展示，下课的铃声就响了。

回顾一下，这堂课上学生的收获是什么呢？教师在教案的结尾设计了这样的结束语：通过今天的学习，我们学会了根据自己的设计用语言指挥同学用正方体搭出立体图形，也能够通过提问题来判断并搭出同样的立体图形，我们的空间观念和空间想象能力都有了不同程度的提高。

教师的书面总结太精彩了。不过，在"用语言指挥"搭出图形环节，学生表现得怎么样？在"通过提问题"搭出图形环节，结果怎么样？搭"立体图形"搭出的效果如何？

其实，在真正的课堂上，教师应是这样结尾的："通过今天这节课的学习，我们知道从不同方面看到相同点，从不同的角度看问题，生活会更加美好。"——有些扯远了。

教师虽然没有必要拿着教案照本宣科，但也必须吃透教案，对教案了如指掌，而不是"伸手不见五指"。

随着教育改革的深入，一直被称为"教育工作者"的教师，被专家们改称为"课程工作者"。这话说得好。如刘良华教授所形容的，一个有智慧的教师，这个时候就不是简简单单地"教教材"者，而是"调整教材"、"补充教材"或者说是"重新开发教材"的人。

那么，是不是改革了，是不是教材内容新鲜了，课堂开放了，我们的课堂就不用把"脉"了？我们的课堂是不是一味寻求拓展训练之类的深度，就变得"云里雾里"，没有基础了？照这样下去，云雾外的听课者恐怕都看不见路了，何况身在云雾中的学生？

换句话说，课堂无论怎么改，都要让学生听得"懂"，教学内容必须落得"实"，教学效果必须看得见，而不能光凭感觉、想象，特别是像数学这类学科。否则，一切都是无效的。

眉清目秀——其他学科何尝不追求这样的境界？语文学科有自己独特的丰富性，甚至"模糊性"，然而，教学环节是否也要尽量简单，教学思路是否也要尽量简约？

感谢这位教师带给我的启发，让我有机会对语文以及其他学科的课堂教学作一次反省。

6. 必须不拘一格，灵活识字

——《祖国在我心中》一课的教学建议

这几天听了两节低年级识字课。

生字是学生走向阅读理解的拦路虎。如何扫清识字障碍，是摆在语文教师面前的重要课题。学校围绕"一手好字"的质量目标，制定了不同年级的落实措施。特别需要表扬的是，二年级的语文教师们轮流做识字教学的研究课。负责"主题识字"专项研究的王杰红老师，还专门给全校所有语文教师进行了专题阶段汇报。一年半的实践与积累，让我们看到了些许成绩。

我国古代蒙学，语文教育是起点，语言组成是韵语形式。朗朗上口、合辙押韵的《三字经》、《百家姓》、《千字文》等，都是古代蒙学教材的典范，它们以韵语、属对的方式，开启儿童心智，激发儿童对汉字认知的兴趣。因此，古代蒙学中的识字教学，对现代语文识字教学仍有深刻的启示。这是我国古代语文教育内容的重要组成部分，也是低年级学生初始阶段语文学习的重点。

我们学校使用的是北师大版的教材，其选文大多是"韵语"形式。运用韵语识字，不失为一种好办法。我校开展的"韵语识字"教学，初见成效。

当年，我给教师们示范了《登鹳雀楼》的识字教学步骤，并进行专题培训，还邀请海淀中心学区观摩了我们的识字教学。可以说，教师们基本上都掌握了这一识字步骤。不过，我依然鼓励教师根据不同的教材，以及学生不同的情况采取不同的方法。

然而，这学期听课时，我发现了一个问题：教师选的都是韵语形式，而且识字教学流程的基本框架也都一致。不管是谁，拿过教案来就可以直接上课。如果将这个教学流程用来培训新来的青年教师，很好。可现在面对的是还有半年就要升入三年级的学生，我们的教学应该再灵活、再开放一些。

下面就教学环节，作一点"解剖麻雀"式的评议。

一、实物导入，引出课题：教师先出示地球仪，并问道："这是什么？（地球仪）摆在你眼前，你第一眼想找的是什么？"然后请一名同学在地球仪上找出中国、首都北京。然后教师小结："这位小朋友很快就在地球仪上找到了中国、北京，还有他的故乡，这是为什么呢？"学生各抒己见，一位小朋友说："因为祖国在我心中，我时时记着。"接着教师板书"祖国"。读，记，书空。然后教师再问："谁来说说'祖'你是怎么记的？……小朋友们，要看清右边是'且'不是'目'……那'国'呢？谁来说？"边板书边要求学生跟着自己写一个。

当教师问"这是什么"的时候，学生已经知道摆在眼前的是地球仪。为什么不直接把这个词写在黑板上？要知道，这个词正是课文要求学习的词语。学生看到地球仪，一下子就知道了哪儿是中国。教师问原因，学生答"因为祖国在我心中"，于是教师板书课题。依我看，学生的回答纯属有口无心。他们肯定知道老师要写课题了，于是就迎合老师说了出来。这个环节可否就出现"祖国"，等这堂课结束的时候再把"在我心中"补上去？（后文另有说明）

板书时，教师注意指导"祖"。当出现这个生字的时候，教师趁热打铁让学生观察并跟着写这个字，这一点做得很好。但遗憾的是，教师强调了"祖"的右半部分，而没有强调左边的新部首"礻"。一直到后面写这个生字的时候，教师才交代，这就晚了。交代这个偏旁之后，如果让学生比较一下以前学习过的"衤"，并提示：为什么是"礻"，而不是

"礻"？教师可以把"示"的演变过程告诉学生，再说说"示"这个字最早表示古代祭祀的仪式，表示一种敬畏。如果这样做，学生就不会写错了，而且，让学生带着对"祖国"的初步理解，走进课文，去感受为什么"祖国在我心中"，似乎更好一些。

二、初读课文，读准字音，读通句子：1. 打开书，自由朗读课文，如果你还有哪些字不认识，就用我们平常教的方法来解决。2. 谁来读给大家听？每人读一句话，两行。（纠正字音）3. 谁能完整地读一下这首诗？4. 齐读。

教师先找一个学生示范读，其他学生听。请二年级的学生作示范，个人以为，如果仅仅是为了让其他同学听准字音，也不是不可以。不过很可惜，范读的学生读得一般。那么，我就不知道范读的目的在哪里了——作为了解自己学生的教师，什么时候叫什么样的学生，对这一点一定要心中有数。

接下来学生自己读，教师在检查学生读的情况时，忽视了学生读时的问题。比如，教师应该注意到："昂首"——"昂"是后鼻音，"首"是翘舌音，放在一起时发音不容易发准；"辽阔"——"辽"是"三拼音节"，要强调；"版图"——"版"是前鼻音，也要注意。一个学生读"福建"的时候，中间卡住了，接着，又读了出来。教师及时表扬："你看，她读不出来的时候，就马上看生字表，于是就读出来了。同学们一定要学习她的这种借助'识字表'识字的方法。"这个环节好！学生自己能解决的就让他们自己解决，而且，借助生字表的识字方法是应该"推销"给其他同学的。

要读准字音，教师就要认真听学生的发音，更要强调课中必须掌握的生字。如果生字是多音字，那么就要引导学生到具体的语言环境中去理解，再读准字音。

读全篇课文时，教师还要注意句子中的标点符号，尤其是教低年级学生时，更要关注不同标点的停顿。好在这是一篇短篇韵文，看不出学生朗读时的明显障碍。如果朗读其他形式的课文，教师在这一点上就一定要注意了。

三、学词学字：1. 提问：诗会读了，文中出现的生字词能不能读准确？2. 出示生词：地球仪、夸我、第一眼、昂首、太平洋、北京、辽阔、版图、福建、隔海、若问。学生齐读。①"昂首"：让同学上前表演"昂首"，就是高高地昂着头。②"福建"：让学生联系生活中的"建设银行"认识"建"。③"版图"：就是地图，引导学生观察中国地图，可以发现它像一只昂首挺立的雄鸡 。3. 出示生字：读字，组词，记字。4. 练习把课文读通顺。

这个环节是进行识记字词的教学。"字不离词，词不离句"，先读词，然后再单独认字，这符合汉字认字规律。但要注意的是，有些词语，像"地球仪"、"眼睛"等，都是由生字组成的；有的词语，带有一个生字，如"太平洋"、"版图"、"若问"等。对此，教师的教学是可以分类的。但应该先把带有一个生字的这组词，放在前面认读。还要注意的是，在学"福建"这个词时，可以直接在地图上找到"福建"这个地方，这就算是对词义的理解了。因为这样的词没有必要在具体的课文中去理解。再有，"版图"这个词，在刚才上课的第一个环节中，教师已经让学生理解了版图，当时完全可以把这个词板书出来。

有些生字词，由于一词多义，必须在具体的语言环境中去理解。这个时候，就可以进入课文中去理解，即该教师教学的第四个环节。比如"隔海"这个词，就需要在具体的语言环境中理解，还有"辽阔"、"祖国"等，我们在下一个环节再作说明。

那么多生字词，教师基本上都没有把它们写在黑板上，而是通过课件展示出来 。其实，可以把生字词写在黑板上。一个字若没有书写过程，就没有生命。比如"眼睛"，一开始上课的时候，完全可以把它写在黑板上。只有现场进行书写，字才会印在孩子的脑子里，他们的印象才会深刻。

四、读文感悟：1. 出示："第一眼就找到了中国，像只雄鸡昂首在太平洋边。"①"一眼就找到了中国"，一下子就找到了自己要找的地方，你的心情怎样？那么，你能非常开心、欣喜地读这一句吗？②"像只雄鸡昂首在太平洋边"，你想象中的雄鸡是什么样的？③看，我们的中国就像一只雄鸡高高地仰着头，挺立在太平洋边，多么让人自豪！2. 接着读："第二眼就找到北京，辽阔的版图上那红色的星点。"①（出示地图）北京就是地图上的红色星点，是我国的首都，我们都生活在北京，我们热爱北京，热爱北京天安门。让我们怀着热爱之情来读这一句！②"辽阔的版图"，"辽阔"让你想到了什么？3. 第三句："第三眼就找到了故乡福建，隔海望去是祖国的台湾。"小朋友们，台湾是我们祖国的儿女，虽然暂时没有和大陆统一，但我们日思夜想，都希望台湾能早日统一，让我们带着期盼再来读这一句。4. 小结：我们都有一个家，名字叫中国，家里的每个人都爱着她，你们，你们的父母，你们身边的叔叔阿姨……我们不仅喜爱她，赞美她，而且都在心中想着她。让我们听一听这首《大中国》。5. 听音乐，想画面，用自己喜欢的方式读课文，读出自己的感受。

  以上环节是对全篇课文的整体回顾与提升。既是对某些词语在具体语言环境中的进一步理解，也是对每一句话的有感情的表达。比如，对祖国版图像"雄鸡"的理解，教师链接生活中的雄鸡，让学生体会雄鸡昂首挺立的样子——黎明之际高亢的声音，阳光照耀下的金光闪闪……这就比上一个环节中对"昂首"的理解又进了一层，在这句话中感受"昂首"，就会带有一种精神，一种对祖国深深的喜爱之情。再看对"辽阔"的理解——教师在此环节出示哈尔滨、海南岛等地的图片，引导学生发现同一时间内，两处的季节却完全不同，祖国真大，好辽阔。教师还引入了《祖国多么广大》一文。看来，教师为了让学生更好地体会"辽阔"，是动了脑筋的。

  但这里有一点需要注意：教学的"广度"要"适度"。因为这是第一课时，学生把这首诗读好，背下来已经不容易了。这里又"冒"出另一篇文章，而且这篇文章的字数也不少于课文。也许学生之前学过，但在这里，也许还是挖掘课文本身更好。

尤其是对"隔海望去"的理解,要升华。"隔海"需要物化的理解,但要加上对"隔海望去"的人文感受。比如,可以让学生想象站在福建这头,面向台湾,而台湾小朋友站在台湾那头,面向福建。我们大陆小朋友隔海望着台湾,希望祖国统一;台湾小朋友在海的那头,渴望祖国统一。为什么我们如此相望?因为祖国在我们心中——至此,教师可以把题目补充完整。这样,我们就会进一步体会到作者选这几个地方的用意,教者也要有意选择这几处进行教学,进一步体会"祖国在我心中"的含义。而教师在教学中引入小诗和祖国各地域插图,以及屠洪刚唱的《大中国》,就大可不必了。

最后,教师还安排了"自学写字,指导书写"的环节。然而,加上前面那么些多余的内容,还有充足的时间写字吗?

写下以上思考,就是想提醒教师们,千万不要把识字教学牢牢地圈定在"韵语识字"的步骤上。也要适当运用其他识字法。有些时候,要注意你中有我,我中有你,灵活运用,方能产生效率。

不管怎样,教师们是很认真地对待识字教学的。教学的各个环节,也都体现出了识字的要求。需要提醒的是,要从内在的实际出发,进一步思考,哪些方法最有效,学生如何才能在单位时间内识字识得最扎实。

识字教学还是摆在我们语文教师面前的拦路虎,我们必须拿出孙悟空三打白骨精的力量和勇气来。

[附 教师回信]

如何提高二年级识字课堂的有效性
——《祖国在我心中》课后反馈

语文是一门基础学科,而识字是基础中的基础。中国的汉字难学,难记,为此《语文课程标准》指出:"汉字教学要将儿童熟识的语言因素作为主要材料，同时充分利用儿童的生活经验，注重教给识字方法，力求识用结合。"作为一名小学语文教师，我深知一个孩子在接受启蒙教育时的识字数量、质量会对他今后的继续学习产生直接的影响。

在一年级时，课文多以诗歌形式呈现，教学时大多采用韵语识字的方法。韵语识字教学步骤我已烂熟于心，但心里很困惑的是，二年级识字教学起着承上启下的作用，应该与一年级有什么不同？在学生具有了一定的识字能力后，怎样才能让识字课堂更有效率？如何提高学生识字的速度和质量？如何把枯燥无味的识字教学变得生动有趣呢？

带着这样的思考，上了《祖国在我心中》一课。但因为走不出韵语识字固有的框框，对已成模式的教学步骤已经感受不到新意，所以，我在备课时已经没有了兴奋点，上课时有走过场的感觉，完全没有进入扎扎实实识字的状态。

听过窦校长的评课，感触颇多。又重新备课，打破原有的模式，再一次讲，才找到了真正的识字课的感觉。重新设计的教学过程，重点在于把文中出现的生字进行分类：难记字、难写字、熟字……在恰当的时机分步学习，这样重点突出，分散了难点，利于学生在快乐中不知不觉地记住这些生字。

一、在导入介绍小诗时让学生看地球仪、地图，找一找北京、福建、台湾，教师适时写出这些对学生来说并不是很难的生词，让学生读一读，认一认。学生在找、认、读的轻松状态下记住了字音，理解了词义。

这一环节学习的词语有"地球仪、眼睛、中国、北京、福建、隔海望去、台湾"。

二、在课题引入时学习"祖"，学习新部首"礻"，理解部首的意思。记住字形，观察怎样写好看。

三、在初读课文时，随机叫孩子读诗，目的是发现孩子读得不准或不认识的字，有重点地解决这些字的音。纠正"辽阔、夸我、昂首、若问、版图"的字音，"雄鸡、昂首、若问、版图"这些词的意思让学生在读诗过程中结合诗意，通过看图演示等方式理解。但这时如果叫朗读好的孩子先示范读的话，可能对孩子们快速正确识字更有帮助。

四、要求学生按每个生字的特点，想办法记住字形并书写规范。在有效的时间里加强写字记字的指导。如"图"、"国"这些字怎样写好看，"阔"字用讲小故事的方式让学生记字形字义等。

以上教学上的改进，使识字教学更扎实了，提高了课堂识字的有效性。

汉字的字形虽然难记，但还是有规律可循的。二年级学生已积累了一定的识字经验，因此，在识字教学中，要放手让学生去研究、去探索，寻求适合他们自己的识字方法，培养他们的自主识字能力。总之，对待不同的文章、不同的生字，要"不拘一格，灵活识字"，只有找到最佳的办法，才能达到课堂识字的有效性，识字才能扎扎实实。

人生聪明识字始。识字是阅读和写作的基础，其重要性不言而喻。以后，我要在教学新理念的指引下，寻找适合每个学生的个性的、科学的、合理的、有效的教学方法，使识字教学既新又活，使学生由"要我学"变为"我要学"，让学生既有识字的能力，又有主动识字的愿望和习惯，这样，就像给学生插上了翅膀，他们在识字的自由王国里展翅飞翔，会真正感受到识字的快乐！而我，只有真正走进识字教学的意境，深入钻研，提升自己，才会感受到识字课的快乐！

毕晓春

2007 年 10 月 10 日

7. 课堂落脚点应该在哪儿

——有感于两节高年级的英语课

听过两节高年级的英语课：六年级的《打电话》、五年级的《海滩》。教学伊始，采用数字组合，引出《打电话》；采用手触摸"沙"的感觉，引出《海滩》。这样导入，十分有趣。

进入词语教学时，教师的方法也颇为巧妙，让学生置身于书中的情境，很自然地引出要学习的词语，然后顺势把词语贴在黑板上。

下面，重点以《海滩》为例，简单回顾一下课堂教学的流程。

让学生看图中有什么沙（sand）。在学生说完之后，教师让学生把书打开，根据录音机的声音模仿发音。

接着看图识词——沙滩上的贝壳（shell）、鹅卵石（pebbles）、海浪（wave）、海鸥（seagull），以及用沙子做成的各种雕塑。为了巩固这些词语，教师让学生做游戏，比如，教师说一个英语单词，学生就指出是什么。或者，教师指向某一处，学生就用英语说出某物。

教师就图上的内容，继续引导学生发现：海滩上还有什么？接着引出："大船和小船在干吗？海滩上的人们在干吗？"比如，学生回答"捡起（pick up）海星（starfish）"，教师顺便就把这两个单词贴在黑板上。

接着，教学开始延伸：除了图上有的，海滩上还会有什么？人们能够在沙滩上做什么？于是，学生展开想象的空间就更大了。而且，教师还问了一个"物理问题"：海浪没有了，为什么还会划回来——海浪强大，沙比较软。这时，学生卡住了，用英语回答这个问题的确很难。最后的延伸是，教师由2008年的奥运会，引发学生讨论海滩上还有什么运动项目。比如"帆船"、"水球"、"水上芭蕾"、"赛艇"、"跳水"、"巡划艇"。教师在出示图片的过程中，给出了相应的英语单词。

最后一句总结：在沙滩上玩，真有趣。

六年级的英语课呢，套路大同小异——学习了几个单词后，就用简单的句式接电话——"在"、"不在"，在"用英语传话"的听音模仿中练习，在表演中巩固。课中，教师也进行了课外延伸，比如"right now"这个单词，还有"立刻"、"马上"等意思，教师还让学生分别用这几个意思进行造句练习。

两节课听下来感觉不错。不过，引起我思考的是，对于黑板上的那些词语和简单的句式，尤其是单词，在这40分钟里，学生是否真正地实现了四会——"会认、会读、会听、会写"。如果当堂考试，检查本课的单词，会有什么效果呢？

个人以为，英语学习，也许像语文学习一样，让学生掌握一定数量的词语，是小学阶段这些工具学科重要的任务之一。英语和汉语（我们的母语）学习有相同的地方：没有语法不能很好地表达，而没有词汇则什么也不能表达。凭直觉，我觉得，英语学习，不管是高年级还是低年级，更多的表达应该是模仿，而谈不上像汉语学习中的创造。如果两位教师在三分之二的时间内，对新单词不断地发音，甚至朗读，或者采取各种游戏手段紧紧落实必须掌握的词汇，定能起到强化积累英语词汇的作用。这样教学，课堂才更有效。

关于如何学好第二语言，我查了一些资料，了解到一些专家的看法，这让我十分欣喜。比如，特蕾西认为：词汇学习对于理解语言和言语输出都至关重要。有了足够的词汇量，即使对结构的了解几乎等于零，也可以理解和说出大量的第二语言。还有一篇关于英语教学的文章强调："大量地再认词汇是培养语言技能的基础，对于初学者来说，词汇量远比结构准确性重要。研究听力教学的学者们都知道作为英语知识基础的词汇在听力培养中的重要性。他们认为，词汇量的大小从一个侧面决定了听力理解的程度。可以毫不夸张地说，词汇量是制约外语学习效率的最重要因素。"

看来，不能眉毛胡子一把抓。英语的词汇教学，应该，也必须是小学英语教学的一个重点，或者说难点。重点如何凸现，难点如何突破？小学生抽象思维能力较差，对于这些字母单词，主要以机械记忆为主。我很佩服学生，因为这些单词不似汉字有象形特点，一看也能读出个大概。学习一个字，再学习一个字，两个加起来，不但能读出来，还能知道大概的意思。而英语可不是这么回事。

因此，必须为英语词汇积累打下坚实的基础。怎么办？

也许就像我们学习汉语一样，要先读正确。那么，英语教师应从学生学习英语的起始阶段，就严格要求学生，必须养成良好的发音习惯。至于用什么方法我不是很清楚，但课堂上一定要"书声琅琅"。全班读，男生读，女生读，一组组练读，一个个发音，直到把正确的声音完全"装"在耳朵里。这两节课，都有听录音，模仿发音的环节。这很好，但还不充分。那些英语水平好的学生，可能可以独立发音，并能读通句子，可是，许多学生并没有这样的能力，他们能把这堂课的单词学会就不错了。要知道，在我国的英语学习环境中，大多数学生很少有机会频繁、广泛地接触英语，因而，就不可能像以英语为母语的人那样自然地在生活中习得英语词汇。在课堂上，你必须强化"会认"、"会听"、"会读"。这就要求英语教师充分利用课堂时间，有意识地花大力气培养学生学习新词汇和巩固旧词汇的能力，同时，尽可能多地为学生提供英语发音的机会。

接着，就是要当堂落笔来写写。在两堂课上，我都没有看到学生动笔写单词（在我以前听到的英语课上也没看见过学生当堂写），教师都把写单词当作作业留给学生回家完成。那么，学生第一次下笔写单词，写得是否正确，写的时候有什么好方法，这些，教师都没有在课堂上作示范或指导。有教师说，课堂的容量太大了，没有时间写，况且都是高年级了,学生有自学能力,所以,就没有把单词由几个字母组成,怎么一笔一笔写出来的过程充分展示出来。我想,无论是高年级还是低年级,虽然难易不同,但每一个第一次接触到的单词对不同年龄的学生来说,都是新的,也就是"零起点"。不像汉语,很多词语在生活中或者读书时早就遇到了。

其实,40分钟的时间还是比较长的,是能够把"写"的环节加进去的。比如,在上面的两节课中,巧用图片认识词汇时,完全可以借助手势、动作等多种形式让学生把一些单词记住。比如,"wave"这个单词多像海浪的形状啊,可以表演后再书空。有些单词是否采用形象记忆?比如"pebbles",让学生想象自己是怎么记住它的。比如,这个单词中字母这么多,是说鹅卵石的形状很多,有"p"形状的,有"e"形状的,有"b"形状的,有"l"形状的,还有"s"形状的。这里要说明的是,不一定非要说出来,只要给学生静静记忆单词的时间即可。当然,如何记忆单词,教者一定有更科学的方法,我在这里只不过想强调当堂记忆单词的重要性。

再如,两节课都采用了游戏的办法,增强词汇教学的趣味性。但在哪个环节做游戏才有利于词汇和句式的巩固,也是学问。个人觉得,六年级的《打电话》游戏做得有些早了,在学生还没有把那四个句式充分记住并学会表达的时候,就让学生表演,是有难度的。课后,教师自己也觉得难了。

还有,在五年级的语段训练环节中,教师让学生组合词汇,说一段话。由于教师并没有提示要用上黑板上的那些单词,所以,有些学生说的时候虽用上了,但也不过是用了一两个。

再有,教师在课堂上进行延伸,可能是在对教学内容进行补充,但两节课下来,给我的感觉是最基本的内容并没有学扎实,因此,这样的延伸只是让那几个凤毛麟角的学生获得了更多东西,而其他学生就如"鸭子听雷"一般,时间长了,就对英语产生了惧怕与恐慌,因为他们的单词掌握得不够多、不够好,很多话就听不懂。也许正是因为深度的延伸,学生的差距越来越大,两极分化越来越严重。

依我看,"精讲多练"的办法虽然老,但在英语课堂上,能够讲练结合,以练为主,方能行之有效。因此,教师要把劲儿用在如何精心设计新授和练习环节,并按照先单项、后综合的原则组织学生进行操练,同时避免教学的单调、枯燥。至于课堂延伸,一定要适度而行。

所以,我建议,能否把那些不必要的延伸或者活动去掉,挤出时间来让学生趁热打铁,当堂写写单词或句子。如果能够当堂引导学生掌握正确的拼写,那就做到了音、形、义结合。有实验表明,如果只靠耳听,3小时后记忆能保持70%,3日后能保持10%;若只靠眼看,3小时后能保持72%,3日后能保持20%;若眼耳结合,3小时后能保持85%,3日后能保持65%。所以,要想记忆保持较长时间,识记单词时就要做到眼睛看,耳朵听,开口读,动手写。

可见,对书写词汇这一环节,教师必须引起足够的重视。像五年级教师的课,黑板上的单词用的是提前准备的词卡——没有体现教师写的过程,最好不要这么做。既然又要准备纸张,又要写,干吗不用粉笔直接写?如果怕耽误时间,那就更说明对"写"不重视了。

如果一堂课的知识最后能够落实到笔头上,那该多好。什么叫趁热打铁?这就是。这样,就不至于留那么"艰巨"的家庭作业,增加学生,甚至家长的课业负担了。如果当堂书空后,再动笔写单词,哪怕只写两遍三遍,这"铁"就在这"热"中,变成了学生想要的"武器"。如果"火"灭了,"铁"凉了,回家再"打","硬铁"怎么能成"器"呢?

海淀区英语教研室主任闫赤兵在评我校研究课时,指出英语教学不宜过于拔高,要面对全体学生。前几天,英语组长邀我参加他们的备课研讨时,我看到了这一情景:学校聘请的专家——英语特级教师刘莹,正在给一位教师提要求:"假期应该干什么?除了休息,还要把这些课提前备完……一定要在教材中下工夫,不能跑到外面去……英语教学不要过难,一定要强化基础……"

感谢刘老师,感谢这两位英语老师带给我的启发与思考,想法不一定对,但目的是要引起大家的讨论——备课备什么,教学教什么,恐怕还要坐下来重新梳理一番,正本清源。必须安下心来认真琢磨,怎么才叫种好该种的地,怎么才不会有"种人家的地荒了自己的田"的后患。

　　要好好研究英语作为第二语言的定位,然后,再好好钻研每一节课如何落实。也许,这样的教学,才会使更多的学生跟上来。这就好比教师给自己的人生铺轨道。只有有了轨道,学生才会愿意坐你的这列火车,你才能教有所得,满载收获奔跑起来。

8. 言语智慧从哪里来

——听《成吉思汗和鹰》有感

曾经写过一篇关于听《成吉思汗和鹰》一课"同课异构"的长篇文章。这次北京"京城杯"教学研讨活动选了清华附小,由刘建伟老师执教,课后由一个专家点评——安排了我。专家谈不上,恭敬不如从命,就在刘建伟老师教学的基础上,我谈一谈听这堂课的一点思考。

如果某种改革完全抛弃实践的方式,彻底走进象牙塔,那么,这种改革无论多么智慧,都是愚蠢的智慧,绝不可能获得成功。可以说,海淀区的课程改革,立足课堂实践,紧紧抓住课堂这个抓手,注重在实践中提高教师的专业素养、课堂智慧。本次研讨活动,选定的专题是"研究学生需要,提升教师实践智慧",这个研究专题的确定,非常精当,非常高明。

"研究学生"是我们的课堂实践最重要的出发点和落脚点。学生的学习兴趣是什么?学习需要有哪些?学习困难在哪里?学习的兴奋点、逻辑生长点、生命拔节点、精神成长点在哪里?这些都需要研究。

学习就是实现由不会到会、由模糊到清晰、由收获到下一步继续探索的过程。这个过程是拾阶而上,视野渐宽,学识渐长的过程。换句话说,就是通过课堂,让学生思维得到训练,智力获得挑战,在情智方面产生"落差",知识、见识、胆识都能和谐增长。关于语文课的学习,就是应当引导儿童在语言的学习过程中,发展和丰富个人的言语水平,提高言语智慧。

言语智慧从哪里来？当然离不开教师的实践智慧。就语文课来说，教师的实践智慧，我认为概括起来有两个方面——教育学智慧，言语水平智慧。前者是后者的必要条件，后者是前者在语文教学中所要实现的重要目标之一。语文教师，要通过自身对文本的深度解读，引导学生以语言为载体，结合教育学的智慧，创造性地设计和呈现以知识、情感、思维为核心的课堂内容，这样，才能满足学生的生命需要，并实现个人实践智慧的提升。

那么，刚刚上过的这节课，教师是否在引导学生发展个人言语水平上，表现出了自己的智慧呢？下面我们就从三个方面来看一看。

一、文本结构的体现

我十分认同贺斯的一个观点——"对学科本质的认识是一切教学法的基础"。若没有很好地认识学科特点，任何课题研究都是枉然。语文学科的本质是课程标准中所规定的"工具性与人文性"的统一，就其工具性而言，就是要通过对字、词、句、段、篇、语法、修辞、逻辑、文学常识等语文知识的学习，提高学生听说读写等方面的语文能力；就其人文性而言，就是要关注教学文本中所体现的人文精神和人文关怀，促进学生的自我发现和精神生命的丰富和提高。但不论强调哪一方面，对于教材精准的把握都是达成目标的基础。

这节语文课，就其工具性而言，保留了传统语文课咬文嚼字的好传统，同时在文本解读的过程中，关注到了文章结构层面的特性，我认为这是这节课的亮点之一。

结构主义认为："事物的真正本质不在于事物本身，而在于我们在各种事物之间构造，然后又在它们之间感觉到的那种关系。事物是由各种关系而不是由事物构成的。"

如此重要的结构关系当然需要发现。

发现结构就好比医生做手术一样，不但要看到肢体的肌肉的连接，还要看到骨骼的分布甚至神经梢的串联。阅读文章后，要思考故事的开头、故事的经过以及文章的结尾的"肌理"是怎么联系在一起的。

这篇课文先总述成吉思汗,再按照故事发生、发展、高潮和结局的顺序叙说。第一部分(第1自然段)总述成吉思汗是中国历史上一位杰出的国王和勇士。第二部分(第2—8自然段)点明故事发生的原因——成吉思汗狩猎时,口渴得厉害,为下文情节的开展作了铺垫。第三部分(第9—18自然段)写成吉思汗四次接水都被鹰撞翻的情景,层层递进地将故事中的矛盾推向极致。第四部分(第19—22自然段)是故事的高潮——毒蛇的出现改变了成吉思汗的固执,很具有震撼力。第五部分(第23自然段)写成吉思汗的懊悔和顿悟。其实,这篇课文也可以分成三部分,掐头去尾留中间。中间,亦即重点部分,见下面的表格:

次 数	鹰的动作(两个字)	成吉思汗的心情(四个字)
一	打 掉	没有生气
二	撞 掉	有点生气
三	撞 翻	真的生气
四	扑 掉	气急败坏

特别是文章中描写鹰四次撞翻毒水的情节,这是典型的"反复叙事"。反复叙事,一般都是用三次来关联,所谓事不过三。三打白骨精,三顾茅庐,三请三休樊梨花,三打祝家庄……对于这些我们耳熟能详,可这里却是"四"次打翻。这一变化,很值得探究,原来,第一次打翻时,成吉思汗并没有生气。所以,后面还是"三"次打翻,构成传统的"三"的叙事模式。

教学当中,刘老师注意到了这个部分,抓住了文章中词语的变化,每一次尽管都是相同的结果,但鹰的四次动作,以及成吉思汗每一次的心情,却不相同。而且刘老师还能同中求异,异中求同。比如,鹰每次撞掉水杯的方式不同,动作越来越迅猛,心情越来越迫切;但不变的是一颗对主人忠贞的心。教师引导学生在反复的比较中,既理解了情节的层层深入,也渗透了写作方法。可以想象,经过长期这样辩证的训练,我们的学生一定能学到言说的智慧。

二、体裁特点的隐现

在文本解读中,我们还可以感受到,刘老师关注到了体裁本身的特点,并且有意识地在教学中,以及在课后作业的讲故事中,加以渗透。

这篇课文被划归记叙文,但又不是严格的记叙文。它是传说,是民间故事。记叙文,作为小学语文教材中最常见的文体,其要素,想必学生并不陌生。但传说和民间故事,是人民群众口口相传,经历时间的淘洗而流传下来的,本身带有一定的传奇性和生动性。这样的故事,重要的并不在于记述历史,而在于褒贬人物及其精神,探索其背后所表现的民族文化心理。而且,在故事口口相传时,要想吸引听众的注意,就必须有极其生动有趣的形式,这就构成了传说和故事的基本要素,而这是值得我们的学生在自己写作表达时加以借鉴的。

阅读文章时,一般运用的方法有"以情解文"、"以事解文"、"以理解文"、"以文解文"。这些当然都很有道理,但首要的还是要关注题材特点。举个最简单的例子,比如,同样引用孔子"韦编三绝"的故事,如果是在说明文中,那么,作者很可能是要说明春秋时期的书籍还是竹简和木牍;如果是在议论文中,那么,作者很可能是要强调读书要像孔子那样勤奋。

刘老师这节课的教学流程以及教学方式可以用一句话来概括:以故事的方式学故事。教师按照故事的先后顺序,把故事的紧张情节凸现出来。而且渗透了"悬念"、"人物"、"情节"、"道理"等故事体裁的要素,并在每个教学环节中,将这样的要素与课文的讲读有效地结合。这种把写作规律和阅读规律结合在一起的做法,有效地实现了阅读和写作的结合。因此,在这堂课中,学生一直沉浸在故事的情境中,在情境中体悟故事的元素,以及人物性格,当然还有前面所说的结构。这种故事结构,这种叙事模式,这种事理结合的编织故事的方式,一定会对学生的写作产生重要的影响。而故事元素的发酵及其在学生的生命中打下的烙印,也更容易让学生建构属于他们自己的言语智慧。

三、文本主题的呈现

　　课堂知识一般分布在以下三个方面：第一是教科书、参考书；第二是教师个人的素养知识；第三是师生互动产生的新知识。新课程将改变教科书一统课堂的局面，教师不再只是传递知识，教师个人的知识也将被激活，师生互动产生的新知识的比重将大大增加。在这节课中，教师通过深入的文本解读，在这一方面进行了大胆的超越，突出表现在对文章主题的超越上。

　　比如，课文中只讲了成吉思汗的教训。教学参考也只谈到了这一点。但教师注意到了题目中的"和"字，说明成吉思汗和鹰是并列关系：文中所讲的不仅仅是成吉思汗，当然还有"鹰"。

　　文章的主角自然是成吉思汗，但对于成吉思汗的理解，却不能仅仅停留在教参所揭示的学会遇事冷静上。这一课的教学，抓住了文中第1自然段交代的"成吉思汗是中国历史上一位著名的君王和勇士"中的"君王和勇士"。历史上的君王一般有什么特点？通常情况下，他们既傲气又霸气，善于驾驭臣民。结合这些，教学伊始从"君王和勇士"切入，进而一步一步、逻辑清晰地将学生的思考推向深入。本来，自幼养鹰、驯鹰的成吉思汗对鹰，特别是自己的宠鹰的习性应该比较了解。但鹰却发生了那么异常的变化，而且三番五次打掉水杯，成吉思汗本应该好好思考"这是为什么"，可遗憾的是，君王的傲气和霸气，让他不动脑筋，只动怒。因此，成吉思汗的错误就显得合情合理。然而，作为一代天骄，面对自己的错误，他能够深刻反思，懊悔不已，这也是难能可贵的，应该说，他还算是一位真正的勇士。从这个意义上让学生认识到，这个悲剧不仅是成吉思汗一个人的教训，也应该成为所有人的警示。

　　在这个基础上，教师进一步引导学生，对鹰的角色要有所关注。鹰为了主人奋不顾身，虽死不悔。这种忠诚和献身精神格外让人感动。同时，鹰的命运也可以看成是一条暗线，作为对成吉思汗这条明线的补充，毕竟，没有鹰的执著和忠诚，就没有这一悲剧震撼人心的力量。同时，还可以把成吉思汗和鹰放在一起考量，悲剧之所以会发生，是因为他们之间有矛盾，之所以有矛盾，是因为他们之间有误会，之所以有误会，是因为他们没办法沟通。那么，人与人之间一定要学会沟通，学会交流，求同存异，这是不是也是题中之旨呢？更进一步来看，我们还能体会到君王的粗暴和嗜血，以及鹰作为臣子的杀身救君的忠君思想。虽然不一定要选择这种多元解读，但教师不可以心中无数，当然，我们也要辩证地看待文本的多义性，反对无原则的解读。世界有多丰富，人性和文本就有多丰富，文本自在的知识与情感，丰富了学生对人物性格的多元解读，这更是语文教学的人文精神与人文关怀的体验。

因此，这节语文课，就通过这样的对文本的深入解读，带给了学生如此丰富的情感体验，可以说，正是教师的实践智慧开启了学生的言语智慧。

几点思考

首先要反思行为的惰性和思维的惯性。

现在的教师大都脱胎于传统教育，是在以教师为中心、以课本为中心、以考试为评价的唯一标准的模式中熏陶出来的，他们的现代教学能力先天不足。教师往往喜欢以一种自己熟悉、已经掌握的方式进行教学，尽管这种喜好隐藏得很深，甚至连教师本人都未曾意识到。

因此，大多数教师从事教学活动时总是按一种思维惯性进行，这种固定的模式一旦内化为教师本人的观念和行为，就会自觉不自觉地渗透在教师教育活动的各个方面，形成一种行为的惰性。即使教师已接受了新课程的观念，在具体的操作中，仍然会回到传统教学的主导地位，限制学生主体性的发挥。

这种模式在这节课当中也有所表现。其实，对于教学内容的深度和广度是否还应有所拓展，教师在课堂上的应变智慧是否还有发展的余地，这些都是值得思考的。比如学生发言的时候，有个学生说老鹰扑掉的是一颗忠心，这是不对的。教师应该顺势而导——扑掉的是主人的灭顶之灾，扑出的才是鹰的一颗忠心。哪怕一个小小的语词，都要注意倾听，以加强对语言的敏感。这样，教学的智慧、言语的准确，就会形成言语智慧。

我们的课程改革，依然需要我们共同的努力，因此，作为一个中年语文教师，我对自己，以及青年语文教师提出以下两个建议——

第一，读书

读书，读书，还是读书！一名语文教师良好的阅读习惯和阅读水平，可以反映在他的文本解读、课堂应变等诸多方面。围绕这一课的教学，我相信上课的教师一定阅读了大量背景资料。但语文教师的阅读视野不可以仅仅停留在教材、教参的一亩三分地上，而应通过广泛的文学、历史、哲学、教育学、心理学、社会学等学科的丰富阅读，打开自己的阅读视野，同时，也打开学生的言语智慧的视野。

比如，如果我们读了《成吉思汗传》、《蒙古苍狼》，甚至金庸的武侠小说《射雕英雄传》，也许就会发现，尽管成吉思汗是叱咤风云的"君王"，但《成吉思汗和鹰》中所表现的成吉思汗那冷酷阴暗的心理，不仅使他失去了自己的宠鹰，更致使他所建立的"武功"不能长久。因此，是否可以推荐学生阅读相关书目，撰写关于成吉思汗的性格与成败对照史的研究报告，从中汲取人生的智慧？

而且，从文学理论的角度出发，结合文章的体裁，还可以让学生进一步探究：课文的故事是不是真正的历史故事？与文学作品有什么不同？也就是说，历史上，是否真的有成吉思汗和鹰的故事？这个故事是传说还是作家的创作？

当然，还可以从创作的角度，让学生多了解一点知识。有一个"猎鹰理论"，说的是佛罗伦萨有一个贵族青年，爱上了一个贵妇人，而且是致命地爱上了她，无法解脱。青年不惜倾家荡产，发疯般地追求她，可贵妇人连正眼都不瞧他一下。最后青年终于耗尽资财，心灰意冷，离开了这块伤心地，去了一个遥远的农场。为了排解自己的孤单和忧伤，青年养了一只鹰，每天都通过放鹰来消磨时光，在长相厮守中，青年和鹰有了深厚的感情。后来，贵妇人的丈夫出了车祸，她带着孩子也到这家农场来散心，就像鬼使神差一样，贵妇人的儿子一下子迷上了鹰，鹰飞走后，贵妇人的儿子就病了，在睡梦中还在呼喊鹰，而且病情越来越重。为了救儿子，贵妇人终于惴惴不安地敲开了青年家的门。看到心上人来了，青年慌了神，他没有什么东西好招待心上人，于是，含着泪杀死了朝夕相处的鹰……然而，鹰不在了，贵妇人的儿子的病也没有好起来。但是感动于青年的这份情，贵妇人选择留了下来，与青年厮守终生。

为什么万贯家财却抵不上一只小小的鹰？因为这是爱情！讲这个故事就是告诉学生为了故事的情节，为了表达一个主题或多个主题，在故事中设置一个"鹰"的角色，一个平庸的故事一下子就变得有光彩起来。这就像是在淡汤里加上盐，汤的味道一下子就鲜美起来一样。对这种理论，如果学生有所涉猎，就一定会引起阅读或创作的兴趣。

另外，还可以让学生带着批判的眼光，不仅解构文章的主题，还解构其创作的"硬伤"：你怎么看待这样的故事？你喜欢这样的表达吗？叙述一件事情就揭示一个道理的方法有没有"傻瓜哲理"之味？文章结尾得出的结论会不会让人产生"穿鞋戴帽"之感？如果由你来写，你会怎么写？

而上述这一切，都是建立在教师大量而广泛阅读的基础上的。因此，我想把这句话送给在座的年轻教师：工资再低也要买书，交情再浅也要送书，屋子再小也要藏书，工作再忙也要读书。

第二，反思

反思是生成教学智慧的不竭源泉。反思性教学以解决教学问题为基本点，以追求教学实践合理性为动力。反思可以使教师专业生活富有思想和智慧，教学反思可以激活教师的教学智慧，提升教学水平，使教师的人生不断走向辉煌。

为了督促自己每日三省吾身，我建议青年教师写教学日志。叶澜老师曾说，一个教师上十年课不一定能成熟起来，但写一年的教学日志却肯定能够成长起来。教学日志是一种对教师自己的思想变化和行为变化的记录。写日志的过程是教师对教学进行反思的过程。写日志是教师用来记录和澄清自己的思路的方法,也是洞察和澄清实践意义的方式。教学日志有利于分析、认识、改变和超越自我,是一种促进自己专业发展的强有力的工具,是教学实践智慧的源泉。

像上述公开课就是一个舞台,台上一分钟,台下十年功。公开课的舞台上出现的问题,是我们日常教学中的问题的放大。教学即人生,课堂即生活。因此,要写就写自己课堂上的故事。尤其是语文教师,不写者不知其可也。可以选择自己每天的教育教学中真实、典型、有深刻感受的事例,甚或细节,比如今天的教学中哪一个环节设计得巧妙,今天的课堂上哪一处师生对话还可以更精彩……用叙事的形式表现出来,长期坚持。这样,在不知不觉当中,自己的缺点和毛病就被一个个地改掉了,留下的将是宝贵的经验和智慧。由此,教师才会真正找到教育生涯中的成就感。同时,用这样的发生在教师身边的生动活泼的教育故事,激励广大教师,使他们的创意和灵感相碰撞,就更能促进他们与新课程共同成长。

课堂是我们生活的世界!课堂上可能性空间的扩大,意味着儿童自由空间的增加。而提供可能性的过程,就是教者提升实践智慧的过程。教师唯有通过读书和反思,理解和掌握更多的选择,然后才能享有更大的创造自由,并因此而拥有自己的专业幸福。所以,向着我们共同期待的智慧的课堂,一路走好。

9. 一堂好课好在哪儿

——有感于一节科学课

"名医一把刀,名角一台戏,名师一堂课。"傅雪松老师是名师,她的课自然是好课。但什么是一节好课?"好课"是怎样炼成的?就让我们走进傅老师的一节科学课,看看这节好课"好"在哪里。

一、经意与不经意之间

"好课"是看不出"教"的痕迹的,看似师生随意聊天,可课堂上常常高潮迭起,悬念频生,教师引领学生探奇觅胜,旅程中往往是山重水复,别有洞天——而这些,其实都是教师经意备课的结果。

"水生植物"是教育科学出版社《科学》三年级上册第一单元第四课的教学内容。在前三课里,学生们已经实地观察了树木与小草,并且掌握了运用维恩图分析植物的方法。这节课教师的"教"看似不经意,然而,我听课时分明感到,一切都在教师经意的准备中。限于篇幅,这里仅谈谈教学伊始的设计。

为了寻找水生植物,傅老师颇费了一番工夫——"水葫芦"、"水芙蓉"、"铁黄冠"在九月底的北京已很不好找,可这三种植物却被她"植"到了教室里。评课时,我问她是从哪里找来的这三种植物。"我花了整个中午的时间,跑了三个水族馆,才买到这几种植物。"傅老师一脸自豪。

"既然没有见过，学生必然感到新鲜，可为什么正式观察的时候，他们却那么安静？"我又问道。"是啊，当时，我想找个大罩子，把它们先罩起来，该观察的时候再打开，让学生惊奇。可又一想，如果突然打开，学生的眼球就不都被它们吸引了？还有什么精神头进入理性的学习呢？于是，课前我干脆先让学生一睹为快，将三种共十株植物，分别摆放在教室中间的空地上，沉水植物'铁黄冠'摆放在水族缸里，一盆浮水植物'水葫芦'摆放在讲台上……"傅老师滔滔不绝。原来，这样的安排是"别有用心"的。（虽然这里的"别有用心"对课堂效果有所影响，但教师是动了脑筋的！不过，到底哪种效果好，恐怕还难以下一个很确定的结论。）

因此，上课时学生们在傅老师的引领下井井有条，循序渐进。傅老师的经意，全蕴涵于润物无声的教学环节中，学生借此获得了知识的累积、能力的提高，产生了进一步学习的强烈的欲求，正所谓"善歌者使人继其声，善教者使人继其志"。

二、轻松与不轻松之间

这堂课上得轻松愉快。然而，透过轻松，又能看到科学教师的不轻松。

这不轻松首先体现在教师的学科知识储备上。课堂上，我看到傅老师"胸有成竹"。比如，让学生观察水葫芦在水中浮起的样子时，学生发现葫芦里有一个个孔，教师告诉（为什么要"告诉"，而不让学生尝试着回答一下呢）学生，这里有空气，可以让水葫芦浮在水面上。水生植物的茎与陆地植物的茎，长势不同。这一点学生并不知道，就奇怪地问：为什么水葫芦的茎都是横着的？教师说，地面植物的"茎"是往下走的，水生植物的是横着走的。这叫"走茎"。（所答并非所问。）教师就像一位武林高手，对学生的问题能够见招拆招。"见招拆招"用在课堂上似乎并不合适。学贵有疑，更贵在探索。有问题的时候教师反问一下学生，似乎更利于学生思维的发展。当然，也许这样做，本节课的教学任务就完不成了。尽管如此，我想，对一个优秀的教师而言，这些工作也是必须做的。

其次，还能看到教师组织课堂的能力储备。学生好多时候都要实验、讨论，但每每都被教师调节好情绪，组织好秩序。比如，观察时，有的学生没等教师允许就来个冲锋。这时，教师不紧不慢地说道："你冲上来，大家可都看不到了。要让自己看见，也要让所有人都能看见。"于是学生就自觉地在植物边站成几排。观察水葫芦时，教师进行植物切割，学生则发出叹息，表示心疼。此时，教师自然地来了一句："它在为我们发现它的结构而牺牲，也许并不难过。"于是，孩子们乖乖地将注意力又拉回到了观察当中……

还有课堂上应对突发事件的应变能力。比如，观察水芙蓉时，"根那么多，这是为什么？"学生问道。"为了使根最大面积地吸收养分。"——这是学科知识，难不倒教师。可学生紧接着又问："不同的环境，生活着不同的植物，为什么是这样的？"教师应变："这就是大自然的奇妙啊。"学生又问："那它又怎么繁殖呢？"教师出示了水芙蓉的花，并解释它是如何繁殖的。这些，都是教师课前备的料，不一定在这堂课上都讲，可学生提到了，教师就把储备在电脑中的图片调出来，让学生观察。

科学教师太不容易了，一周那么多课，每一堂课都要做实物准备。而且面对不同的班级，学生的情况千差万别，教师要考虑，如何使一堂课面对所有学生实现意义的最大化。教师只有于无声处默默耕耘，奠定丰富的专业储备，才能实现课堂上的谈笑风生、举重若轻。

三、圆满与不圆满之间

在这课堂上，傅老师心态平和，教风平实。没有花拳绣腿、标新立异，也不刻意求新、一味求活，而是在求真、求实上见功夫。可以说，这是一堂圆满的课。

1. 学生的制图本领得到训练。这节课能力训练的重点是使用简图的方法，描绘一种水生植物的样子。落实的环节并不复杂，教师从水槽中捞出一株水葫芦，在黑板上从根部画起，然后选择其中有代表性的茎叶画出来，最后标注名称，教学时间不过2分钟。学生掌握方法后，马上就绘制了水生植物图，如下图：

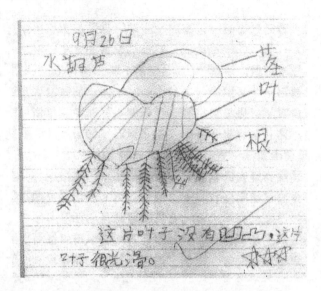

（描画的基本程序是先观察，后描画。这里学生的描画并没有建立在对水生植物的充分观察的基础上，很可能更多的是临摹教师的画，我以为这样的做法似有不妥。）

这里的"教"很有必要，也很自然。有些课，教师往往以为，儿童什么都会，在课上没有有的放矢地"教"，实际上学生根本没有掌握必要的方法。这就好比餐桌上有美味佳肴，而我们的孩子却不会使用筷子，望着美味佳肴却吃不进嘴里。但在傅老师的课堂上，我们看到了教的过程，因此也就看到了学生学的成果。

2. 学生的归纳概括能力得到提升。学生绘制好水生植物图后，教师安排学生结合实物和图，先"个人研究"，再"小组研究"，探讨水生植物的特点。5分钟的时间很快过去了，小老师也走向讲台，讲解他们的观察以及概括情况。如下图：

学生通过自主探究，水到渠成地完成了归纳推理的过程：因为水葫芦、水芙蓉、铁黄冠都具有根、茎、叶三部分，所以大多数水生植物应当都具有根、茎、叶三部分。在此基础上，师生又归纳出下面的维恩图：

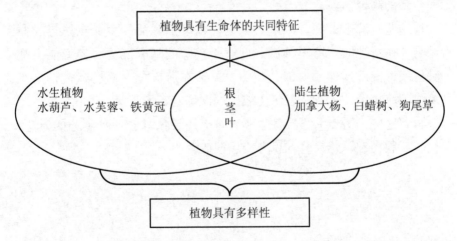

通过此图，教师整合了教材的教学内容，凸现了本节课的核心概念：多样性是植物的个体独特面貌的体现，多样性蕴涵了植物具有生命体的共同特征。看到这儿，你一定会和我一样感慨：这真是一堂名副其实的好课。通过我的叙述，你也一定体会到了"台上十分钟，台下十年功"

的含义。

有缺憾是真实性的重要指标，而唯有真实的课才称得上真正的"好课"。而这正是《后现代课程观》中强调的重要一点。凡事需留有余地。因此，我要说，好课不必求得大的圆满。一堂课留有些许"缺憾"、"瑕疵"，不是教师追求的结果，而是事物的必然。

比如，有学生质疑："水葫芦都是在一样的日期开始生长，最后会长得一样吗？"教师说不一样。此刻，我一下子想到了哲学上的经典名句——"世界上没有相同的两片叶子"。如果以此句作为总结，既是教学内容的延伸，又在自然科学中渗透了"哲学"的思考，那么，就不能不说这是一种很好的超越。

再如，教学内容已全部完成后，离下课还有两分钟时间，看得出来，这超出了教师的预设。是将这两分钟还给学生，或补充记录，或再观察水中的植物？还是做些必要的课外延伸，提高课堂的广度与深度？如果能再精心地为此进行设计，那么，也许就会在下课前的一瞬间让学生产生一个新的高峰体验。

说这些，看来有些苛刻了。课上，数十个鲜活的生命在思想的原野上驰骋，在精神的苍穹里神游，这对于教师的驾驭能力、应变能力都是一种挑战，应对这样的挑战，疏漏、欠缺在所难免，而教师也正是在这种挑战与修正中，才有了智慧生成。好课炼就实属不易。

写下这些，为作为学校教学领导每天还要忙碌着各种事务的傅老师，苦恼着、欣喜着、感动着、思考着、期待着……

10. 数学语言的正确与准确

——听《观察与记忆》有感

古人曾把以教书谋生形象地说成"舌耕"。对任何学科的教师来说,语言都是教学的工具,就像农民使用的农具、工人使用的机器一样。我们必须用心"舌耕"。我曾专门写过一篇文章——《语言,精神的线索》,强调语文教师语言的重要性。不过,听了安华老师的课后,我深切地体悟到,数学教师的语言,同样也很重要。关于数学教师的语言问题,我想,相关专家、教师一定强调过。不过,作为一名语文教师,我也想强调几句:我们一句不准确的话,可能就会让孩子的知识体系形成一个漏洞;我们一句不经意的语言,可能就会阻碍孩子的语言及思维发展。

数学教师如何讲究教学语言,运用语言技巧,才能让数学深入浅出,使学生更容易学习到思考问题的方法,从而最大限度地提高教学效果?听安华老师的一年级数学"4+1"的思维训练课——"观察与记忆",我受到了很大启发。

从题目上看,这节课的落脚点是"观察与记忆"。这就更不同于一堂计算课,学生不是用更多时间动笔计算,得出一个答案,而是要"显相"出学生的观察结果,其正确与否必须根据学生回答的"语言"去判断。看来,"观察与记忆"一课,更要突出数学"表达"。也就是说,除了让儿童懂得观察的重要性,了解观察方法,掌握观察的要素(细节与整体)以外,还要让他们说出观察顺序(从上到下,从下到上,或者从左到右,从右到左），另外，还要培养他们的想象能力——所有这些，都要靠语言来反馈。

一、对语言的敏感

数学教师只有自己对语言敏感，才会培养学生对语言的敏感。有人说，这是语文教师的事情啊。错！这种想法意味着什么？意味着你已经不知不觉地形成了思维的惰性。不管什么学科的教师，都应当嗅出课题、例题等背后隐藏的信息。安老师就发现了这种"信息"。上课伊始，教师问：上一节训练课是什么训练课？学生说"思维课"。教师和学生接话茬，给人感觉很有意思。教师的高明之处在于"顺势引导"。她接过话茬："思维啊，就是要考验我们小朋友的'聪明'呢。"教师把"聪"写下来，"耳聪目明"，就是"聪"。接着，教师自然地牵引——"耳到，眼到，心到"。这节课，就在这样自然的语言对话中开始了。

对一年级的小朋友，尤其是上学才几天的，要抓常规。数学教师不是"班主任"，不是"语文教师"，其语言自然要符合数学语言的特点，那就是尽可能地让数学语言简洁明了。面对刚刚上学才几天的孩子，没有经验的教师经常会说："看谁注意力不集中！""一定要注意观察！"——这样的语言多么抽象！孩子听到这些话，是不能将之与具体的"做法"联系在一起的，自然就做不到"眼睛看着黑板"之类的要求。

安老师则没有说那种抽象的要求，也没有说"你们的眼睛都看着我啊"，而就几个字——"耳到，眼到，心到"。"耳"、"眼"、"心"是象形字，一下子就能让学生感知到具体的形象。在整个教学过程中，一些过渡语，或者小结语，安老师都使用简练的语言。比如，出示具体要求——"下笔最好一次性，尽量不用橡皮"、"静静地看，默默地读"。当学生读要求的时候，教师只是提醒："大声读！"就这样，用最简练的语言尽量表达丰富的内容。

然而，安老师的语言是否因简练而显得"干硬"了呢？没有。她的语气亲切自然，让人听起来很舒服。以前听她的课时，都是这种感觉。

而且,她的教学语言形象有趣,通俗易懂。

"你看某个学生说得多好啊,你就像他这样说。"这样,一是激活了刚才发言的同学的情绪,二是对后面的学生提出要求。而这,并不是教师强加给学生的,学生是心情舒畅地接受的,其效果是大不相同的。

教学语言既非书面用语,又非口头用语,要通俗明白,使学生听得有滋有味,教师就应该使抽象的概念具体化,使深奥的知识明朗化,教给学生丰富的数学素养,通过驱动学生的数学想象,来达到培养学生数学能力的目的。

二、语言的正确

"正确",字典上的解释是符合事实;用文学化的语言来形容,就是"黑是黑,白是白"。也就是说,数学语言应该实事求是,不能夸大其词,要客观公正地反映数学问题。比如评价语言——没有哪一句评价语言是放之四海而皆准的。在评价学生的回答正确与否时,我们经常用"太好了"、"很好"、"太棒了"。然而,对所有的学生都如此,可以吗?答曰非也,评价应"因材施评"。

对刚刚上学的小朋友,也不一定非要用"太好啦"等来评价,我倒是觉得只说出"对"与"不对"会更好。下面用两个练习来说明:

第一个练习是创设情境,用一分钟时间仔细看下面的数字宝宝,心里默默地读。

5	8	2	4
4	9	2	7
7	7	5	1
2	6	3	9
8	8	6	5

5	( )	2	4
4	9	( )	7
7	7	5	( )
2	( )	3	9
( )	8	6	5

教师提出要求,让学生按照要求来做:一分钟时间到了,看谁能够很快填出括号里的数。学生纷纷举手,逐一填空。填的时候,教师要求

学生说出正确的数,同时把话说完整,比如,要说"括号里填×××"。这一练习虽属于机械记忆,但恰恰是培养学生对数字的敏感性。也就是说,括号里的数字原来是什么就是什么,必须正确。别说,括号里的数听课教师有时候都有些记不住,可学生却能正确地说出来。

第二个练习是,出示一组图,请用两分钟时间仔细看,并在心里默默地读。把这些图形记住,并画在纸上。能画出多少就画多少。(这里也没有提示方法,就是让学生看,后来我发现教师用的是布鲁纳的"发现法",即我们现在经常说的"感悟式"教学。这里主要讲教学语言。)

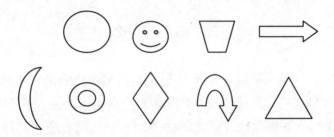

两分钟后,学生开始反馈。他们画出的图形有方形、圆形、梯形、弯形、三角形以及菱形,等等。这些图形,并没有按照规律摆放在一起。

学生起的名字很形象,比如上图中,由于没学过,所以他们形容有的图是"调头型",有的是"月亮型"。教师没有过多夸奖,这是对的,因为这不是"数学语言"。因此,数学教师还应该注意对图形名称的正确判断。

这些没有学过的图形,既然出现了,教师就必须用科学的术语来说明,而不能用生造的词语或方言来表达。在展示的过程中,有的学生不但说出了正方形、圆形等,还说出了菱形、三角形等图形名称。这时,如果安老师鼓励学生,让他领着其他学生将这些"数学名称"再说一遍,强化记忆,就更好了。至此,"观察与记忆"的效果得到了正确的印证。

另外,教师在教学中还要注意读音、用词的正确性。比如学生说出了菱形,这个"菱"字不好读,我们可以强调一下。

三、语言的准确

个人以为,"正确"与"准确"有所不同。正确是指对结果的判断,准确是指对结果的判定是否恰当、周延。因此,教师的语言不仅要正确,还要准确,必须反复锤炼。比如,不能随意将"垂线"说成"垂下来的线";不能把"最简分数"说成"最简单的分数"。

安老师还出示了四幅相似的图,并说道:"聪明兔也高高兴兴地背着书包去上学,请你在三张图片中找出和聪明兔所背的书包一模一样的那一个。"这可是考学生的眼力。"一幅一幅地看,要想找到相同的书包图片,你有什么办法?"教师问道。

"除了看书包上佩戴的东西,还要看它的颜色。"——瞧,"除了……还要"这个连接词,学生用得多好。由于几幅图区别不大,有个学生还用了"有点不同"来说明它们的细微差别。安老师马上鼓励:这个"有点"用得好。可不是吗?这就叫准确。

看来，准确含有"严谨"之意。

还有一个"捉迷藏"游戏：

当教师拿出上图的时候，有个学生马上说："我家里也有。"教师马上接了一句："是啊，这个宝贝你家里也有。那我们就一起找一找藏着的一个小朋友吧。"多好！——没有斥责，课堂上当学生的表述出现"岔路"时，教师没有绕圈子，而是"顺水推舟"。如果教师说"闭嘴"，或者说"不要说些没用的"，或者挖苦学生——"就你家里有，显摆啥"，等等，那么，学生的思维就会因你的"批评"而南辕北辙。

"你看，草地上还有一双鞋子。我猜，树上一定还有个人。"掌声响起来。这是个准确的判断，因为学生观察到了地上的一双鞋，于是想象树上一定有个人。学生用的"猜"，太有思维的味道了。

捉迷藏的到底有多少人？在找到了第七个人后，教师问："那第'八'个在哪里？""肯定在树里啦。"这个学生用了一个"肯定"！而且，他来到屏幕前，用手指着树冠，接着又说了一句："一定"藏在这里！瞧，"肯定"与"一定"表达的准确性，让我们大家啧啧称赞。

还有一个连线练习（如下图）。请学生说说剪出的是哪张纸，剪出的是什么图形，并连起来说说理由。有个学生说，下图的松树，就是从上面这个图中剪出来的。如果把松树的半个脸放在这个图形中，就正好合上了。一个"如果……就"就把这种假设变成了可能——表达得多准确！

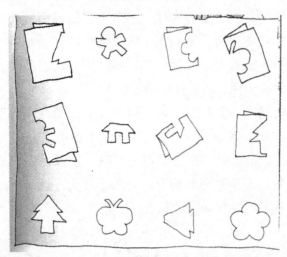

这些用语言判断出的结果，随着教学过程和安老师创设的教学情境的不断推进而不断变化着，给人以启迪，给人以导向，教人以智慧。

有意思的是，教师采访一个学生："你怎么看到了那么多？""我做到了眼到，心到！"这位学生的"学舌"，不就是因为潜移默化的影响吗？

这让我想到以前听过的一些课。有的教师"口头禅"太多，分散了学生的注意力，破坏了教学语言的连贯和流畅。学生的语言因此也会变得重复、拖泥带水。

另外，安老师也注意运用无声语言。无声语言包括表情语言、手势语言和体态语言等，它们可以辅助有声语言实现教学目的。作为一名教师，不能没有表情，不善于运用表情的人就不可能成为一个好教师。一名教师只有在他学会做出各种不同的表情时，才能成为一名真正的教师。安老师在课堂上用妈妈一样的温柔与目光去捕捉学生的视线，让眼神洒遍教室的每个角落，使每个学生都感到老师在注意自己，这样无形中就起到了润泽课堂的作用。

总之，在整个课堂教学过程中，数学知识的传递、学生接受知识情况的反馈、师生间的情感交流等，都在语言交流中展示了出来。正应了托利亚尔在《数学教育学》一书中所指出的:"数学教学也就是数学语言的教学。"

教师的课堂语言艺术多种多样,远非上述情况所能包罗。课堂语言既体现了教师的教学能力,又和教学效果的好坏紧密相连。数学教师应该在教学实践中不断探索,不断总结,不断完善自己的教学语言,达到数学教学语言的科学性、艺术性的辩证统一。

最后,友情提示一下数学教师,也要注意"第二语言"——教师与学生的书写。比如,观察的"察",宝盖头下面的"祭"的右上角的笔画,要先写横折,再写捺。在这堂课上,我还发现了一个现象,就是大部分学生的拿笔姿势和书写姿势都不正确。其实,教师在课堂上应该随时提醒学生注意正确的拿笔姿势和书写姿势。

11. 向着有氧的教室

——有感于一节体育课

听了一节体育课，教者是李群生老师。

国家课程改革提出，小学生一周要上四节体育课。我校在没有增加教师的情况下，增加了体育教师的课时。李老师一周19节课，教5个班，一周19个40分钟，而且，每天下午还要带学校的棒球队。有的体育教师要上20节课，每个教师还要带体操、板球、轮滑、乒乓球等校队。个人体力消耗不说，工作量以及课改对体育教师的各种要求，就已经压得他们有些喘不过气来了——缺"氧"啊。

然而，当你走近他们时，所看到的，又是什么样的情景呢？

体态与动作

有人说，教一年级，挺简单的，不就是哄着学生玩吗？可小学的体育课堂，区别于幼儿园的"娱乐"与"游戏"。学校的学科教学，一定要体现该学科的学术含量。且看李老师，近一米八的个儿，在面对一群还没有建立"体育秩序"的小不点儿时，其体态要"体育"，教学内容要"体育"，必须保证"孩子"向"学生"过渡——得站有站样，走有走样，还要坚持40分钟。

这节体育课的内容是，继续训练站队，然后学两节广播操。看起来内容不多，但教学怎样有序、有效地完成呢？李老师从头至尾都抬头挺胸，一举手一投足、一招一式都那么带劲，令人赏心悦目。孩子们眼前的体育老师怎么那么高大？动作怎么那么好看？我想，当你路过操场时，也会情不自禁地驻足看上几眼，甚至学学他的动作。

通过一节课的学习，学生的"体转运动"、"体侧运动"，以及那两节广播操，还真学得有模有样。有句话叫作"其身正，不令而行；其身不正，虽令不从"。单从字面上来说，李老师做到了，孩子们在他身上看到了"身正"。因此，在这堂课上，孩子们从头至尾都是依据"身正"来"行"的。

专业型的教师意味着什么？答案很多，就这堂课来说，意味着教师自身必须有"氧"，即必须有学科素质；意味着在教育教学实践中，始终着眼于学生的"体育"。

因为教师"身正"，所以学生的体态与动作自然"长"得快。

微笑与语言

请想象一下，男教师，尤其是男体育教师的微笑，会是什么样子。这位教师已经是一个孩子的父亲，年龄大概不小了，面对每一个学生，他从始至终都微笑着，实在难得。教师和学生都不受"主体性"神话的束缚，大家轻松自如地构筑着一起行走的40分钟。

正是因为李老师的微笑，本来刚性、严肃的体育课，一下子变得柔软而轻松起来。

这微笑，不仅在感官上给孩子们带来愉悦，还在精神上给予他们更大的安慰。他总是微笑着指点和纠正个别学生的动作，不急不躁。有意思的是，在你没有注意的时候，他不知从什么地方拿出了小星星，贴在做得好的孩子身上，以示鼓励。动作那么快，丝毫都不影响下一个环节的教学。

整堂课上，孩子们的脸上一直洋溢着微笑。因为教师的微笑，很自然地，他们的语言就是"甜"的。一般情况下，体育教师的语言比较生硬。因为"体育口令"本身要求教师声音洪亮高亢，那是一种阳刚力量的显示。李老师的声音是洪亮清晰的,字字入耳,却也字字有情。

另外,李老师的语言还有点幽默。比如,在他做示范动作的时候,有几个学生没有认真地看,而在一旁笑话他"一本正经"。李老师随口说了一句:"我可不需要你们伴奏啊。"也许,大多数学生都不知道,怎么体育课里还会冒出个"伴奏"?不过,在当时的情境中,他们知道这个时候是不应该笑的。当然,李老师也可以直截了当地告诉学生:"不许笑!"但是哪种话语方式有趣呢?

原来,李老师的微笑和语言就是在造"氧"——这"氧气"中的"甜味",可以让学生的心灵安心地、无拘无束地呼吸。

职场与影响

孩子们无拘无束,这是一种有秩序的放松。他们的眼睛里充满了喜欢,甚至渴望的神情。这种氛围,自然也感染了我们听课的教师。

抬头望望天空,太阳柔柔的。低头看向远处,绿茵茵的广场上,吴军朝、张志刚、周凯等老师的课,与李老师的课,相映成景,他们也如李老师一样,努力地朝着步步扎实、步步平实、步步求真的课堂迈进。没有体育课要上的两位年轻教师则和我一样,陶醉在李老师和其他老师的课堂里。

一直以来,这些体育教师在不自觉地用心建立属于他们的专业共同体。那种"不管别人做得如何,也不希望别人来干预自己的工作"或者"各人自扫门前雪,莫管他人瓦上霜"的观念,在今天的课堂、今天的操场上,没有看到。

一个人的"氧"总是有限的。就像一个人的反思一样,若没有对照与参考,就是狭隘的。如果教研组甚至全校的教师能够进行对话交流,就能突破个体思维的局限。体育教师们之所以能如此心平气和地用心教体育,也许就是因为他们在平时的讨论中,营造了"绿树成荫"的"环保"空间——课一结束,大家马上聚拢来,评议时,大家都很真诚,能够开诚布公地说出彼此的得与失……在这种气氛中,每个人都能够得到大家的尊重、承认。

原来，教师的投入感染的不仅仅是学生，还会感染在场的其他人。我感觉整个操场都被"湿润"的氧滋润着，就如同在空气特别清新的森林里一样。

每个教师都要不断努力，让教室充满"氧"。如果所在的生命职场充满了"氧"，那么，不管是教师，还是学生，都会得到不同层次的"健康发育"，并茁壮成长。

因为在有氧的课堂上，教师全身心地投入，学生全身心地倾听，他们轻松自如，在情感共鸣中走向心心相印。

向着有氧的教室，我们一起走去。

12. 隔窗看课

——听《隔窗看雀》有感

麻雀遍布世界各地，除了极寒地区，几乎无所不在。小时候，在田野、枝头，常常可以见到它蹦蹦跳跳的欢快身影。"它们从这棵树飞往另一棵树的时候，样子非常可笑，仿佛不是飞，而是从空中滚过去的浅灰色绒团。"这一个个绒团就像一个个花骨朵。

现在生活在城市，我也经常会看到它们。"从一个楼檐到另一个楼檐，与人共存。生存于市井，忙碌而不羞惭，普通而不自卑。"它们与人比邻而居，把巢筑在檐边缝隙中，或墙洞里，或街道两旁的树上。甚至可以说，它们如同我们一样，过着属于它们自己的日子。

曾经，人们把麻雀归为四害之一；现在，人们已经给它昭雪，并对屠格涅夫笔下的"麻雀"敬佩三分。尤其是读周涛先生的《隔窗看雀》，让我更多地体会到对麻雀的"看不见"的喜爱。简单朴素而饶有诗意的文字，触碰着我们心灵深处最柔软的地方——大爱无痕，真正的艺术作品的本源正在于此。作者将对人生世相独到新鲜的观感，融合在这小小的麻雀里。他哪里是在看麻雀？分明是在看和麻雀一样的人，和人一样的麻雀，仿佛自己就是其中的一个。读这篇文章，我感觉我们仿佛都是那"看起来，它们长得一模一样，像复制的"麻雀。

的确，我们周围的许多事物，都是我们生活的一部分、生命的一部分。一株草，一棵树，一片云，一只小虫……它替匆忙的我们在土里扎根，在空中驻足，在风里吟唱……任何一株草的死亡都是人的死亡，任何一只虫的鸣叫都是人的鸣叫,人与自然是共时性的存在。所谓人文精神,它的内核,就是对一切生灵的由衷热爱。

现代科技发展一日千里。电视、飞机、卫星等构成了一个庞大的网络连通全球,使得世界上的任何一个角落都可以在瞬间彼此相连。然而,没有了距离,便没有了向往与约束。因此,周涛先生要隔"窗"看雀,不过,隔的是透明的窗、打开的窗,而不是一扇死窗户。不过,作者并没有走近去惊扰麻雀,而是倚在窗前细细地瞧,静静地看。

如何将阅读到的转化为阅读的"教学"?这也需要"一扇窗"。阅读与阅读教学中的"阅读"是有明显区别的。阅读教学的这扇窗就是:遵循儿童认识事物的学习规律,遵循语文阅读的规律,采取有效的办法,让学生看明白文章要表达的意思,感受到作品深处的东西。

就是通过这扇窗,关于《隔窗看雀》这个文本,教者把教学目标定位为:读、悟结合,感受麻雀"忙碌而不羞惭,普通而不自卑"的生活;品评课文的精彩语段,体会作者对麻雀的喜爱和欣赏;由雀看人,引领学生感悟不同的人生姿态和意趣。

教学从题目"麻雀"开始。单是教者不经意地板书"雀"字,并巧妙地解析这个字的蕴意,就奠定了通常人眼里"小"麻雀包含的基调,与文中作者的笔调形成共鸣或者落差,以期形成因"情理之中"或"情理之外"而萌发的阅读动力,并进一步产生深度的阅读实践与思考。

麻雀的"忙碌"和"普通"是教学的重点,理解麻雀的"不羞愧"和"不自卑"是教学的难点。如何突出重点,突破难点?这一部分的教学,教者采用读悟结合的办法抓住重点字词,即文中有声、有色、有情感、有力度与质感的字词,引导学生细心体味、沉吟、把玩,从言语的表层走向言语的深层,并从中感受语言的趣味。

在细读教学这一重点和难点环节,理解麻雀的"忙碌"和"普通"、"不羞愧"和"不自卑"——意在探索人完全可以这样活着的意义,打破我们固守的"英雄"、"伟大"的价值与信仰,努力够及人类情感最本真的质地,从而解构我们内心思维的定式,乃至深入到人类心灵深处。这种探索,无疑对以往的文化观念、生存意义乃至自我认识,都提出了质疑，形成了冲击。也许，这是我们的臆想，因为从头到尾，作者都是在写麻雀。然而，这种"揣度"却让我们"驰骋纵横"。

但是教者并没有把这层窗户纸捅破，而是在隔"窗"教学。比如，最后有一个拓展环节。教者想起了庄子的《逍遥游》，借来了蔡志忠的漫画《庄子》，相互链接，以"蓬间小雀"和"乘天大鹏"的讨论结束教学——你愿意做哪种鸟？你怎样看待另一种鸟？雀与鹏，雀与人，鹏与人，人与人，人与自然，在讨论中碰撞、融合、分岔、交汇，最后聚到一点：大爱——所有的生命，存在便是意义。

透过窗口，我们还看到了另一种风景。文章中的不少文字，平实而奇特，生动而鲜活，可以称得上神来之笔，因此，教者特别设了一个板块：品读课文的语言，借此初步培养学生对文字鉴赏的爱好与敏感。也许有人对这样的"寻章摘句"、"咬文嚼字"的做法不以为然。对此，教者有自己的想法：一些故事，一些情境，一些思想，由一个心灵出发，去感动和启发无数心灵，这感动和启发的力量的大小与久暂，就看语言文字运用得好坏。文学起于实用，要把自己的所知所感说给旁人听，但它又超越了实用，要找好话说，要把话说好，使旁人在话的内容和形式上都得到愉快的享受——这就是文学的高贵之处啊。

目前，有人提出，小学阶段语文应该教得简单，没有必要去追究怎么说怎么写，小学生能把课文读通读顺读得有感情，就很不容易了。在和教者交流后，我们还有这样的想法：简单语文应该是深入后的浅出，是教师把握语言本质之后的一种轻车熟路的引领。如果什么都不讲，而一味地让学生反复读，缺乏情趣与智慧的冲浪，就必然会让学生产生单调乏味的感觉。"不求甚解"是境界，求得甚解，又何尝不是一种精神的享受与愉悦呢？教师要通过创设情境将学生引向文本的语言，使学生"喜欢去读，读了之后还是喜欢"（朱自清）；要借助自己的"眼力"，帮助学生去发现作品的"好处"，"传染语感与学生"（夏丏尊），从而使他们获得阅读技能，自觉建构语文能力，这才是真正的有魅力的"语文"。

当然，今天的有些白话不同于过去的文本，我们大可不必"精粮细做"。有些是可以略读，所谓"浪漫阅读"的。但周涛先生的这篇文章却要"怡养"文字。对文字的咀嚼和着学生的性情才是怡养。因此，教者的魅力又体现在，透过文字的窗口让学生看到文字里的"宝贝"。这就要"品"。唯有"品"，才有滋味；唯有"品"，才生情感；唯有"品"，才养精神。总之，唯有"品"，才会拥有"绕梁三日"的余味。可是，我们的有些阅读教学，要么走马观花，甚至跑马观花；要么金秋割麦，放倒一片。更多的时候，是为写而读，为抄而读，为读而读，而不是养"气"的涵泳。

当然，精处绣花，疏处走马，或许都是怡养的方式；若两相调和，则处佳境；如果再疏密有致一些，此课境界则可跃然而出。

看课的也努力隔着"窗"，感觉甜丝丝的，心润润的。不知不觉地，这个看课的，也跟着作者看了一回雀，跟着教者上了一回课。笔者和教者，还有学生，分享了"雀"的"自由"与"幸福"，感受到作为人类的我们普通中的自然、忙碌中的从容。

课没有亲眼所见，而实录往往是静态的，因此，总觉得少了一些"动"感，此"动"或是情感的强烈震撼，或是思想的深度撞击，这或许不是课堂的问题，而是隔窗看课所致。但我确信，此课至少如文中之窗——透明而敞亮。

[附 《隔窗看雀》教学实录]

学　　生：江苏省吴江市庙港实验小学六年级（1）班
执教者：张学青
整理者：杨志强

一、谈话导入，铺垫揭题

（师生问好）

师：（板书"小"字）这个字，念——

生：xiǎo。

师：（擦去"小"的钩，用红色粉笔在"小"字底下添写"隹"）用红色粉笔写的这个字，读什么？

（生念不出，师注音：zhuī）

师：这个"隹"字，指的是"短尾巴的鸟"。"小"和"隹"俩字合起来，念——

生：què。

师："雀"字，从"小"，从"隹"，可见，雀是一种怎样的鸟？

生：小鸟。

生：一种短尾巴的小鸟。

师：对。这个"雀"，一般指的就是"麻雀"。麻雀，我们大家都看到过吧？在你的印象里，麻雀是一种怎样的鸟？　　（师在黑板上添"看"字）

生：它嘴巴很馋，要偷吃粮食的。稻田里有很多麻雀的。

师：所以，农民就在稻田里扎个稻草人，让它摇个扇子，或者扯个塑料袋，窸窸窣窣弄出点声响来赶它们。

生：它们是很傻的，连个稻草人也怕。

生：麻雀胆小。

师：小到什么程度？

生：一见到人，就飞了。

师：一有风吹草动，就吓得四处飞散。我们这里也称胆小的人"麻雀心"。

生：它，它……（语塞）它很热闹，叫起来。它喜欢在地上找食，我们弄来了食物，它就要飞过来吃。

师：嗯，我们家的空调洞里住着几只麻雀，每天早上起得很早，叫着，就像我的闹钟。麻雀的叫声，我们经常用什么词来描摹？

生：唧唧喳喳。

师：呵，唧唧喳喳，热闹。

生：冬天的时候，我和爸爸曾经用一个东西罩过麻雀。麻雀很多，

我们那里的麻雀，死多死多的。（众笑）

师：哦。冬天来了，其他鸟儿我们很少见到了，而麻雀，好像总在我们身旁。寒冷的冬天里，它们出来觅食，呵，就被你们逮住了。

师：刚才大家交流了对麻雀这种鸟的印象，谈得很好。有一个人，他也看雀，还为麻雀写了一篇文章，题目叫"隔窗看雀"（板书"隔窗"）。麻雀在他的眼里，又是什么样子的呢？今天我们就来学习这篇——

生：（齐读）隔窗看雀。

二、读通课文，初步感知

师：下面请组长将文章发下来。（注：《隔窗看雀》是苏教版国标本第11册教材，目前尚未大面积推广使用）

师：请大家自由读课文，注意读准生字的字音，把课文读通顺，读流畅。

（学生自由读课文，圈画课文中的生字新词）

（教师指名分节读课文，疏通文字，随课文正字，理解"俯瞰"、"育雏"等词语）

师：（板书"瞰"）什么叫"瞰"？

生：就是看见的"看"。

师：前面有个"俯"字，根据"俯"这个字，你再想想，"俯瞰"的"瞰"是什么意思？

生：向下看。

师：从高处向下看，叫"俯瞰"，也叫"鸟瞰"。那往高处看，叫什么？

生：仰望。

师："雏"，指幼小的鸟，刚出生不久的鸟。所以，刚出生不久的鹰，叫——

生：雏鹰。

师：再考考大家：刚出生不久的马，叫什么？

（一生喊：雏马）

（众生笑）

师：雏，只指鸟。刚出生不久的马，叫——（边板书，学生边读——马驹儿）

刚出生不久的牛呢？（边板书，学生边读——牛犊儿）刚出生不久的羊呢？（边板书，学生边读——羊羔儿）

师：所以说，中国的汉字是很有趣的。

师：刚才我们请同学分节读通了课文，这次请你再把课文小声地读一遍，边读边想：作者笔下的麻雀，有什么特点？

（学生自由地轻声读课文）

师：交流一下你初读课文的想法或者疑问。初读的感受，是原生态的，是非常宝贵的。

生：我觉得课文写得很美，有些句子读上去感觉很好。

师：告诉你，这篇文章的作者是诗人，所以这篇《隔窗看雀》写得也很有诗意。

生：这篇文章不写"麻雀"，而一直写"它"。

师：你的眼光真敏锐，你已经注意到了文章的写作特点了。同学们发现没有，文章前七个小节，每一小节都是用"它"来开头的？把"它"换成"麻雀"，是否可以呢？

生：不可以。因为课文最后说"人们给它们起的名字是麻雀"，如果前面写了"麻雀"，后面再这样写，就显得啰唆了。

师：我明白你的意思了，如果前面的"它"都改成了"麻雀"，最后一节就是多余的了。但作者为什么不直接告诉我们"麻雀"，而用"它"呢？咱们来比较一下："麻雀不知道累"、"它不知道累"。有什么感觉？（师朗读时有暗示）

生：用"它"，感觉很亲切。

师：用"它"，感觉麻雀就像多年的老朋友，很亲切。

生：我不明白，作者为什么把麻雀写得那么好。

师：是啊，麻雀有什么好呢？又偷食又胆小，为什么还写得那么好呢？好问题！

三、读悟结合，走进"麻雀"的生活

板块一：体会麻雀的"忙碌"和"普通"

师：是的。麻雀很平常，课文中说它的生活是"忙碌"而"普通"的（板书"忙碌"、"普通"，并在词语下面加红点），从哪些地方你读出了麻雀的"普通"和"忙碌"呢？请你读读课文，在相关的句子下面做上记号。

（生轻读课文，并做记号）

师：好，请同学们放下笔，我们一起来交流。在交流的时候，先把你画的句子读出来，然后再来谈谈你的感受，行吗？从哪些地方你感受到了麻雀的"忙碌"和"普通"？

生："它总是落在那些最细的枝上，而且不停地跳，仿佛一个冻脚的人在不停地跺脚，也好像每一根刚落上的细枝都不是它要找的那枝，它跳来跳去，总在找，不知丢了什么。"

师：能谈谈你的感受吗？

生：从"不停"，还有"总在找"中，我感觉到了麻雀的"忙碌"和"普通"。

（投影，并加红重点词）

师：你看到了两个"总"，又看到了一个"不停地跳"，"跳来跳去"，从中体会到麻雀的"忙"，我发现这位同学有非常好的阅读习惯，她在画这些句子的时候，在一些重点词下面又画了圈，非常不错。为什么说这种忙碌很"普通"呢？

生：它不停地跳，就是从这根枝上跳到那根枝上，又从那根枝上跳到这根枝上，就是在那些细的枝条上跳。

师：是啊，重复得有些单调，是普通的忙碌。

师：就这个句子，其他同学还有想法吗？你还读出了什么感受？

生：我觉得麻雀很辛苦，因为它总是不停地跳。

生：麻雀很喜欢这样跳，它很活泼。

师：说得真好。能把你的感受放到句子里念出来吗，读出它的忙碌和活泼？

（生念句子）

师：再来交流，还从别处体会到它的忙碌或者普通了吗？

生：从这个句子可以体会它的普通："它不会翱翔，也不会盘旋，它不能像那些大的禽类那样借助气流，直上高空，作大俯瞰或大航行。"因为大鸟可以翱翔，而且能盘旋，而它不能。

师：非常好。根据这个句子，请你来说说大的禽类是怎么飞的。

生：大的禽类能直上白云苍穹，作大俯瞰或大航行。

师：（出示投影）"它翱翔，也盘旋。它善于捉住气流，直上白云苍穹，作大俯瞰或大航行。"这是大的禽类的飞行姿态，请你来念念。

（生读句子，小心翼翼的，不够味）

师：越来越轻了，那是大俯瞰吗？谁再来试试，把翱翔天宇的雄姿，念出来。

（指名再读，齐读，读得有气势）

师：而麻雀呢？（出示投影）"它不会翱翔，也不会盘旋，它不能像那些大的禽类那样借助气流，直上高空，作大俯瞰或大航行。"念——

（生齐读，语调明显有变化）

师：同样的词语用在不同的语境里，语调不一样，这是真正的会"读"书。

师：这个句子是把麻雀与大的禽类进行比较，从飞行的姿态和气势来说它的普通。还有吗？

生："看起来，它们长得一模一样，像复制的。"

师：说说你的感受。

生：像复制的，说明它们长得都差不多，样子都一样，说明麻雀长得没有特点。

师：说得真好。有些鸟有艳丽的羽毛，非常好看，而麻雀呢，灰不溜秋的，长得并不好看，你是从这一点上感受到了麻雀的普通，非常好。它不光长得不好看，飞得也不漂亮。请你读——

师：（出示投影）"它们从这棵树飞往另一棵树的时候，样子是非常可爱的，仿佛不是飞，而是从空中滚过去的浅灰色绒团。"一个"滚"字，说明了什么？

（生沉默）

师：以前，我们学过燕子，说燕子的飞行，"唧的一声，已经由这边的稻田上，飞到了那边的高柳之下"。多么轻盈漂亮，而文中的麻雀呢——（生齐读句子）

生：麻雀飞得不轻快。

师：长得不好看，飞得不轻盈，叫得也幼稚，看来，麻雀实在很普通啊。我们再来看，它都在为什么而忙？

（师出示投影："低飞，跳跃，啄食，梳理羽毛，发出永远幼稚的鸣叫，在季节的变化中有责任感地孵蛋和育雏……"）

（学生答：低飞、跳跃、啄食、梳理羽毛、发出鸣叫、孵蛋、育雏）

师：读了这组词，你想说点什么？

生：这些事情，其他鸟类也都会做。而其他鸟类会做的事，麻雀却不一定会做。

师：（笑）是啊，不做这些事，就没法活下去。所以，它的忙碌，都是为了生活与生存的需要，琐碎而平凡。

板块二：理解麻雀的"不羞愧""不自卑"

师：刚才我们通过读句子，抓住句子中的重点词语去感受麻雀的忙碌和普通，这是感悟课文的非常重要的方法。麻雀就是这样的忙碌和普通，因此，麻雀容易被人忽略，被人看不起，但是在作者眼里，麻雀却是——（板书：不羞惭，不自卑）

师：从课文中哪些地方可以读出麻雀的"不羞惭"、"不自卑"呢？咱们还是用这种方法——透过句子感悟。这个问题，比上一个问题难一些，需要你自己去理解，建议和你的同桌交流交流。

（生读课文，做记号，与同桌交流）

师：为什么要交流呢？智慧需要碰撞，碰撞能产生火花。下面我们一起来交流一下，把你刚才跟同桌交流的大胆地说出来。

生："……仿佛从空中滚过去的浅灰色绒团……"我觉得它虽然飞得不好看，但还是不羞愧，还是经常飞。

师：你从哪儿感受到它经常飞？

生："它常常毫无缘由地'扑棱'一声就飞走了，忽然又毫无原因地飞回来。"

师：常常飞。好。飞得不轻盈，样子也不好看，但不是躲在家里不出门，而是不停地飞，乐此不疲。

师：这是你的理解和发现，非常不错。谁还愿意来表达你的想法？

生：（受上一位学生启发，顺着他的意思谈）它叫得不好听，但一直在叫，这也说明它不自卑。

师：从哪儿读出来的？

生："发出永远幼稚的鸣叫。"

师：（出示投影）"低飞，跳跃，啄食，梳理羽毛，发出永远幼稚的鸣叫，在季节的变化中有责任感地孵蛋和育雏……"

师：（点击"永远"）麻雀的叫声很一般，就是——

生：唧唧喳喳。

师：有些鸟叫起来婉转动听，有的鸟不鸣则已，一鸣惊人，而它，只会唧唧喳喳，唧唧喳喳，但是它并不感到羞愧，还是在用它的唧唧喳喳来表达它的欢快。有一个成语与它有关，表达欢快的，是哪一个？

生：欢呼雀跃。

师：是啊，叫得再难听，也是自己的声音啊，没什么好羞愧的，就像回答问题，就算答错了，也是自己的想法，只要开动了脑筋，怎么说都是宝贵的。

生：它还很爱干净，常常梳理羽毛。

师：呵，你的发现老师也没想到呢。羽毛不艳丽，但至少可以弄得干净些。你的话让我想起了一句名言：爱惜自己的羽毛。

师：还有吗？还可以从哪儿看出它是不羞愧不自卑的？

（生沉默静思）

（师点击"有责任感"）

师：卑微，但还记得自己的责任：孵蛋，育雏……

师：（点击"坚忍"）什么叫坚忍？

生：坚强地忍耐。

师："在季节的变化中坚忍"，一年四季，我想，最难熬的是——冬天。在冬天里，麻雀要忍的是什么呢？

生：寒冷。

生：狂风的袭击。

生：也没有食物。

师：饥饿，是吧？

生：如果下雨的话，它的窝就危险了。

师：是啊，冬天，树叶凋零了，这时候就没有什么遮挡了，它还要忍受——（做射击的手势）

生：有人打鸟，会打死它的。

师：人对它的伤害。

师：正如同学们所说的，冬天里，麻雀要忍受大自然和人类或者其他动物对它的伤害。很多鸟都不能够留下来，要飞到南方去。而麻雀，不管春秋还是冬夏，不管在城市还是在乡村，我们一直都可以听到它——（引读）"发出永远幼稚的鸣叫"，它用这样的鸣叫点缀着我们的生活，给我们增添——欢快和热闹。

师：我们一起来念这个句子，把我们刚才体会到的这些感受融进这个句子里。

（生齐读句子——"低飞……育雏"）

师：现在，你明白作者为什么要把麻雀写得那么好了吗？

生：（刚才质疑的学生回答）因为它忙碌而不羞愧，普通而不自卑。

（师板书：而）

四、品读涵泳，赏析精彩语段

师：刚才我们走进课文的语言文字，走进麻雀的生活世界，感受了麻雀——"忙碌而不羞愧，普通而不自卑"的生活情趣。这篇课文的作者是著名的诗人、散文家——周涛。他是第一届鲁迅文学奖散文奖的获得者。因为他是诗人，所以他的文字有诗的种子——有奇特的想象，有新妙的比喻，值得大家好好品味。你觉得哪些语段写得精彩、鲜活，自己再读读。

（生自由读）

师：同桌可以相互交流一下。好，咱们一起来看一看，课文里面有哪些奇妙的想象。

生："它总是落在那些最细的枝上，而且不停地跳，仿佛一个冻脚的人在不停地跺脚，也好像每一根刚落上的细枝都不是它要找的那枝，它跳来跳去，总在找，不知丢了什么。"

师：说说看，妙在哪里。

（生沉默）

师：知道它妙，却不知道妙在哪里。还有谁也觉得这句话写得好呢？

生："仿佛一个冻脚的人在不停地跺脚"（师点击该句子），把麻雀写活了。

师：呵呵，麻雀本来就是活的呀。活在哪儿呢？

生：把它写成人了。

师：这是一个比喻，是吧？我也可以把它比喻成：仿佛一个舞女，穿着漂亮的鞋子不停地在跳。你觉得好不好？

生：不好。因为麻雀很朴素，长得不好看，怎么能说它像漂亮的舞女呢？

师：呵呵，好。我的那个句子说得太华丽了。再来看，冻脚的人不停地跺脚，为的是什么？

生：给自己温暖。

师：对啊，给自己温暖，是自我取暖。而麻雀不停地跳跃，为的是什么呢？也冷吗？

生：锻炼。

生：快乐。

师：嗯，是给自己快乐，那就是自我取乐。多贴切的比喻啊，只有诗人才想得出来啊。我们一起来念一念，把它的普通、它的忙碌、它的快乐、它的活泼，都融进这个句子里，念——

（生齐读："它总是拣……丢了什么。"）

师：还有吗？

生："它是点缀在人类生活过程当中的活标点：落在冬季枯枝上时，是逗号；落在某一面墙上时，是句号；好几只一起落在电线上时，是省略号；追逐翻飞的一对儿，累了落在上下枝时，就是分号。"

师：妙在哪儿？

生：妙在它落在某一个地方的时候，都会变成标点符号。

师：也就是说，它把麻雀比成了标点。标点有什么特点？

生：各种各样的。

师：各种各样的，特别的——小。还有，标点用在句子里边有什么作用啊？你说。

生：标点就是当一段话很长的时候可以将它隔开。

师：没有标点，一段话就没完没了，我们读的时候，气就喘不过来，就受不了。用了标点，我们就可以——

生：停顿，休息。

师：麻雀也是这样，它给人类的生活带来了闲趣。再看一看：这段话有几个分句？

生：四个。

师：三个分号，四个分句，很整齐，为我们描述了麻雀停落时的四组画面，写得富有诗情画意。我们在读这样的句子的时候，一边读一边要想象，想象这样的画面。请大家试着读一读。开始——

（生自由读）

(师出示课件，引读："它是点缀在人类生活……分号。")

师：看着这些画面，脑海中能不能浮现那些文字呢？我们再一起来试试看。

（生看画面，练习背诵）

师：咱们把这些镜头印记在脑海里，用最美的声音朗读这一小节。

（生齐读）

五、拓展延伸，领悟不同的人生意趣和姿态

师：作者周涛将麻雀的生活，写得那样情趣盎然，那是因为麻雀的生活触动了他心里的那根弦。我们说"一花一世界，一叶一菩提"，那么，作者看的仅仅是雀吗？

生：不是。

师：那看的是什么？

生：麻雀的生活。

生：生活中的自己。

师：作者是在透过雀看人，看雀的生活就是在看像雀一样生活的人。像雀一样生活的人，过的是怎样的一种生活呢？

生：做的事情很普通，但很快乐。

生：很活跃的人，很忙碌的生活。

生：无忧无虑，自由自在。

师：无忧无虑？麻雀真的无忧无虑吗？

生：它是有忧虑的。

师：是啊，只不过它懂得坚忍，懂得快乐地面对。

生：忙碌勤劳的生活。

生：乐于奉献的。

师：奉献的是什么呀？如果真要拿出来的话，也并不高尚或者伟大，他只是做了自己本分的事情，像雀一样——"低飞，啄食，跳跃……"，如此而已。

师：最后，我想以一个有趣的话题来结束今天的课：庄子在《逍遥游》里，提到了两种鸟，一种是大鹏，一种是小雀。（课件出示）这就是扶摇直上的乘天大鹏，这就是决起而飞的蓬间小雀。如果你是鸟，你愿意做哪一种呢？

（学生颇感兴趣）

生：我想做大鹏。

师：为什么？

生：因为它飞得高，看得远，可以作大俯瞰或大航行。

师：真好。飞得高，需要大翅膀，而且这翅膀必须有力。是啊，如果你有那么大的翅膀，又有足够大的力气，可以飞上苍穹，你为什么不飞上苍穹呢？那里可以作大俯瞰或大航行，可以看到无限风光。如果留在蓬蒿之间，那不是对大翅膀的糟蹋吗？那么你说，当你飞上苍穹时，你会笑那些蓬间小雀吗？

生：有的时候会。

师：还有同学想做大鹏吗？噢，你，你会笑麻雀吗？

（生点头）

师：也要笑啊？你说，你会笑麻雀吗？

生：会的。我飞得那样高，而它却那么小。

师：也要笑。你呢？

生：不会。

师：为什么呢？

生：假如麻雀跟我一样大的话，它也能飞得那么高。而且，麻雀也很不简单，它忙碌而不羞愧，普通而不自卑。

师：（摸着该生的脑袋）真不容易。既看到了自己的优势，又看到了别人的长处。

师：好的。有愿意做蓬间小雀的吗？

生：我愿意做麻雀，因为麻雀是非常快乐的。

师：嗯，蓬间小雀。如果你的翅膀不够大，或者对飞上苍穹力不从心，那么做蓬间小雀，有责任心地做好自己的事情，同样也会获得快乐。

那你说，你做蓬间小雀，会笑大鹏吗？笑它花那么大的力气飞上苍穹干吗呀，会吗？

生：不会。我是很佩服它的。

师：呵呵。仰望它。其实，不管你能做什么，如果能以理解、欣赏的目光去看周围的事物，那么，这个世界，即便是一只麻雀，也会变得非常可爱。今天的课就上到这里，下课。

13. 和年轻教师一起成长

——由《师恩难忘》一课引发开去

开学初,我听了四年级的一位年轻教师的第一节语文课。这是北师大版第一单元——"师恩"主题单元的开篇课文——《师恩难忘》。教师的功底颇厚,尽管这是一节常态下的课,但如果从年轻教师教学入门的要求来看,还是不错的(该教师教语文还不到一年)。可进了教学的门,如何走进去探出个究竟来,这还需要功夫。随着教学经验的增多和她本人的努力,我坚信这位教师一定会大有出息的。也正是我们之间的惺惺相惜,促成了这次评课。以下是对这节课的评课以及由评课引发的思考,愿和这位教师共勉。

主题单元的语文课该怎么备

由这位年轻教师的课,我想到了一些底子不如她的语文教师的课。在我看来,即便这位教师很优秀,也需要潜心备课,才能把课上好,那么,其他教师则更要努力。

现在,大多数语文课都是把课文"摩挲"一遍,读读课文,写写字词,平平淡淡,干巴巴的。当然,有些环节这样做,是相当必要的。不过,如果天天如此,不管什么"寓言"、"散文"、"说明文",都一成不变地简简单单地上下来,一年、两年、六年,那么,语文便成了没有感情、没有思想的白纸黑字,它怎么可能不让学生觉得味同嚼蜡呢?

都说语文要简单，但这简单一定是在复杂中提炼出来的简单。教师的解读背景应该是丰富的，或者说是深入的，然后删繁就简，提炼更好的路径，教学环节虽是简单的，但却能让学生获得不简单的见识或能力。如果我们从头就开始简单，然后领着学生再回到简单，最后的结果一定是肤浅。

张翼健先生在《不惑集》中曾说，上世纪80年代的语文课，如果有学生生病在家，哪怕半年不来，只要在家把生字学了，回来照样跟班就读，而且看不出来差距。几十年过去了，我看，现在的课仍旧如此。

语文教学如何才能有效，尤其是在英语、信息等多种学科挤占语文学习时间，有时一天只有一节语文课，语文课已经"寸节寸金"的时候？

这里，我首先要强调的，是主题单元备课一定要做到"瞻前顾后"。《师恩难忘》这篇课文位于"师恩"的主题单元中，是该单元的第一篇课文，此外还有《孔子和他的学生》，以及"语文天地"中的《爸爸的老师》、《一位影响了我一生的老师》。

教师备课时一定要有"主题单元"的意识，并且要注意内容分布的单元性。这里姑且以笔者个人的阅读理解加以说明——《师恩难忘》中有一句"无心插柳柳成荫"，个人以为，田老师的"无心"表现在他没有想单独培养一位文学家，他所做的事是面向全体学生的。只是凭着"本心"，不经意间成就了刘绍棠。然而，教师的这种自谦的表达，让我们感觉到，他不只培养了一个刘绍棠，而是培养了许许多多的刘绍棠。

第二篇《孔子和他的学生》，表现了孔子有教无类、因材施教的教育思想。无论什么样的学生，在他眼里都是独立存在的，面对不同的学生，要采取不同的办法进行引导，最终让他们物尽其用、人尽其才。理解了这一层面的内容后，在教学《师恩难忘》的时候，就能区分开描述师恩的不同角度了。

《爸爸的老师》一文既表现了爸爸对他自己和"我"共同的小学老师的爱，又表现出爸爸也是"我"的老师，他的行为教育了"我"。《一位影响了我一生的老师》更有意思，《师恩难忘》中的田老师是无心插柳，而这位外国校长是有心栽培，单独给"我"吃小灶。田老师是培养文学家，这位老师是理科上的指导，使"我"最后获得诺贝尔医学奖。

有意思的是，这几篇文章中，"老师"的身份不同，从古代的先生到今天的园丁，从文科教师到理科教师，从教师到校长、到家长——但都对"我"产生了深远的影响，让"我"难忘师恩。可以说，无论哪一点都让我们难忘师恩。总之，这几篇课文虽然角度和内容不同，但相同的是，都能让人体会到"十年树木，百年树人"的为师境界。

然后再备课，教师就会发现，这一单元主题"师恩"实际上被既有区别又有联系地分解在每一课中，而且，每一课的侧重点不同。所以研究主题教学，就要研究"师恩"究竟有哪些方面的内容。在对一课一课的"小主题"具体解读后，要再回到这个单元的"大主题"，把这个单元"收拢"一下。这样，学生所获得的认识就是整体的，不仅对这一课的文眼"师恩"，而且对每一课的文眼都会有更深的理解。

也许，这样分析整个主题单元，既见了树木，也见了森林。之后，教学每一篇课文的时候，就会全面把握，或者高屋建瓴。在这个单元的教学全部完成之后，教师要把这个单元再重新归整起来回味提升，这样，学生就会充分明晰"师恩"的多维含义和丰富内涵。

如果有可能，还可以扩展广度——除了课文中描述的那些"师恩"，还有哪些师恩也让我们难忘？可以再找一些文章作为补充资料来读。比如魏巍的《我的老师》，还有启功先生写的一篇描写自己刚参加工作时，他的老师指点他如何教书的文章等。还可以让学生结合自己身边的教师的点点滴滴，说一说——虽平凡普通，但同样让我们难忘。

这样，就把书本内容和生活紧密联系起来，学生既阅读了教材以外的文字，又在说"师恩难忘"的故事的过程中，得到了口语训练。如果再把说的故事写下来，或者根据阅读的内容写一篇读后感，这不就是一篇很好的作文练笔吗？

以往，我们常常今天学一篇课文，明天学另一篇其他主题的课文。学了那么多，最终散落在那里，拾不起来，结果后来全部遗失了。今天，我们用的教材，已经改变了原有教材的弊端，以主题单元的形式呈现，在我们依照教材的编排形式深入分析之后，教学就能提纲挈领，而不再是模模糊糊的一大片。

所以，研究主题教学，教师一定要从主题单元入手，即便有些单元主题在教材中体现得并不充分，教师也完全可以重新组合教材。单元包内的课文，有的可以精讲，甚至讲上五六个课时也可以。比如，我们研究的民间故事《牛郎织女》，从备课，到专家讲座，到教师们进行各种类型的教学尝试，到最后的故事新编，可谓饱满。当然，有的文章可以略讲。不过，在增删取舍教材的过程中，一定要发挥团队的力量，以避免个人的好恶和眼界的局限。教师要有一双慧眼，要和学生一起商定，以确保对教材以及编者的最大尊重。

再有，细读主题单元中的每一篇课文后，一定要备"语文天地"中的各部分练习。还拿"师恩"这个单元为例，"语文天地"中的第一题"学写摘录笔记"，其中"娓娓动听"、"身临其境"、"因材施教"、"有教无类"、"十年树木，百年树人"等成语以及警句，分别在哪篇课文中出现过，我们必须心中有数，在教学过程中，就将之落实在相应的环节里，而不要等都学完了再做这些练习。

在"畅所欲言——说说我们的老师"这个口语训练中，有好几个选题：

1. 我还记得一年级时教我们的老师……
2. 我想说说我的体育老师……
3. 我的爸爸和妈妈都是老师……

关于这几个练习，我们可以在教学每篇课文的时候，选择相关的适当放入教学过程中。在文本学习的过程中趁热打铁，会让学生很自然地用上课文中的那些好词佳句赞美老师，比如"插柳之恩，终生难忘"、"十年树木，百年树人"等。

记得这位年轻教师在教学《师恩难忘》之后，深情地说："我们所做的的确是最平常的工作，上上课，判判作业而已，但就在这日复一日，如同春雨般的点点滋润与浇灌中……有一天你长大成人了，回想你学过的一个个汉字、一道道难题、一串串单词，哪一件没有老师的心血？哪一件没有老师的恩情?"

当教师和学生最后呼唤题目"师恩难忘"的时候,我担心学生发出的只是声音,而没有发自内心的情感。如果这时候,我们拿一个选题让学生说,他们所表达的情感就会具体化,而不是抽象化的概括。比如,现场趁热打铁,马上让学生回忆从一年级到四年级,对某一位老师的印象,包括上面一题中说到的体育教师——这不就把这道题中的第二题训练了吗?这种承接型的训练,就会让学生带着从《师恩难忘》中获得的词语以及感情,娓娓道来地讲,并且身临其境地讲。这样,既让学生熟悉了课文,又落实了语文质量目标——"一副好口才"的训练,还使他们得到了情感的升华。

当然,教者本身也是"课程资源"。教者可以联系自己,说说自己教龄多少年,培养了多少学生,今后还要怎样教书育人,等等,把教学和自己、和生活紧密地联系在一起,而不要在结尾空洞地抒情,这样,教学就更有滋有味了。

再如,"读一读"中的"子曰:'三人行,必有我师焉!择其善者而从之,其不善者而改之'"这句话可以放在第二篇《孔子和他的学生》的教学中。韩愈的"弟子不必不如师,师不必贤于弟子,闻道有先后,术业有专攻,如是而已"这句话可以放在《爸爸的老师》或《师恩难忘》的教学中。亚里士多德的"吾爱吾师,吾更爱真理"这句话可以放在《一位影响了我一生的老师》的教学中。这样,既可以帮助理解课文,又适时积累,而不用让学生回家背诵。

如果我们没有考虑到上述情况,上一篇课文仅仅完成讲读任务,到下一课时,再单独完成"语文天地"中的任务,那么,孩子的表达就既没有具体的情境,又没有感情的铺垫,因而"欲说则不达"。这样,教学就真正成了两张皮。

另外,如果我们能把开学时学校或上级的一些规划和交派的任务穿插在主题单元教学中,就更好。教学这个单元时,正赶上教师节,可以结合国家领导人提出的"尊师重教,奠基未来",以及学校德育活动中的"感恩教师",把课内要求与课外活动联系起来。

然而，这样做的确加重了教师的负担。因为这要求教师不但要有分析教材的能力，还要有统筹和整合的解读能力。但你必须努力走进"复杂"中，弄清"真相"，然后进行资料的清理、教法的梳理和最终教案的整理。这样，你的课一定会上得有效，甚至高效。

总之，要记住，要培养学生语文的敏感性，让他们有感情地理解和运用语言文字，就一定要在课文中的文字上下工夫，要让语言文字长到学生的肉里。

何谓主题单元的备课？也许，这样的过程就是。

一堂语文课如何才能有效

《师恩难忘》的作者是刘绍棠。课文讲述了刘绍棠的第一个启蒙老师对他从事文学创作的影响。这是一篇深情而朴实的文章。作者通过对田老师"故事法"教学的回忆，抒发了对老师的尊敬与感激之情。

听完执教教师上的第二课时后，我在想，这节课上学生思想、情感、认识上的收获究竟有多少？

关于文眼，这位教师定的是"师恩难忘"，这也是题目。在《师恩难忘》中，难忘的是什么？我们的课，能否让孩子们真正感觉到作者对田老师的"师恩难忘"？一节课听下来，我的总体感觉是蜻蜓点水，没有深入进去。也就是说，没有把文字"拆开"，把令作者难忘的师恩之情"破译"出来。

我想，对于这篇文章，由"师恩难忘"引发开去，不是不行，但个人感觉，这个"主题词"有些抽象，是一种概括性的词语——大、空。这堂课，从"师恩"出发，在让学生了解课文情节后，再回到结尾"无心插柳……"，学生还是在文字表面打转转。"恩"太空，于是，课就飘了。

如何让刚升入四年级的学生找到具体的"形象"？我看，关键是要找到文字中的具体抓手。我找到了文中"感念"一词。这个词给人一种一触肌肤就能感受到体温的感觉。作家刘绍棠的这个"感念"，是全部的感激、感恩,是一辈子的纪念、怀念、感念。如果依照这个思路,引导学生结合课文内容思考作者"感念"的究竟是什么,最后结合作者抒发的"十年树木,百年树人"的"插柳之恩,我终生难忘"的感情,那么,"师恩"就可知、可感,从而具体化了。

可以先从文中的一个故事入手。

刘绍棠描述了田老师当年引导他们学习一首古诗的情景。现在,每一位小学教师都会用这种方法来解释诗的意思,并不稀奇。可问题是,让"我"感念的是,田老师能够做到"娓娓动听"(课文中的词语),并让"我""身临其境"(课文中的词语)。这可不是一般教师能够达到的教学艺术。

语文课不是应当让学生积累和理解一些词语吗?像上面两个成语,用查字典的方法解释,好像也可以,可田老师却用故事法,通过声音传递来体现"娓娓动听",通过教学效果来体现"身临其境"。

今天上课的胡兰老师也注意到了这两个成语,但没有将"娓娓动听"与"身临其境"和文中的故事紧密联系起来。"娓娓动听"是指田老师教学语言的魅力,"身临其境"是指田老师让教学有了"现场感"。看来,要让学生很好地理解这个故事对刘绍棠的影响,就必须让他们跟着刘绍棠回到过去,和他一起去感受田老师是怎么"娓娓动听"的,而且,要让他们"身临其境"。这样,用情景法既让学生理解了这两个成语,又让他们体会到刘绍棠当时的激动。

那么,怎样把上面的思考转化为教学过程?教者就得想办法让田老师的故事在学生的心中形成声音、画面、色彩,仿佛在他们小小的脑子里"过电影"。

怎么做呢?

可以让学生充分朗读文中田老师用诗歌改编的故事。之后,提出要求:书上不是说娓娓动听吗?现在你就是刘绍棠的老师,再读读,看看你怎么娓娓动听地讲给我们听。然后,在一名学生试着娓娓动听地"讲"的时候,引导其他学生,问他们听到了什么,看到了什么,想到了什么。

田老师改编的故事,把整首诗的诗意串联起来了。故事比较长,教师可以分段教学。比如，第一个学生扮演"田老师"讲诗的前两句，讲完后，教师叫一声"停"，然后引导学生把听到、看到、联想到的说一说。之后，顺势让学生用诗句概括刚才所感受到的。诗的后两句也可以用这样的方法。

这样，学生不但了解了这首诗的每一句话的意思，而且能体会到田老师把诗句变成故事来解释诗意的妙用。第二个、第三个"田老师"讲的时候，我们就可以感受其是否"娓娓道来"，以至"身临其境"。——你看，这两个成语就在讲故事的过程中，内化成学生自己的语文素养了。

学生讲完故事后，要再追问：田老师的故事中，究竟有什么？这时，学生就能用课文中的句子说出来："这个故事，有思想，有人物，有形象，有情趣。"这句话概括得多好啊。什么形象？什么情趣？什么思想？如果没有前面"娓娓道来"的讲故事与"身临其境"的听故事，学生是怎么也不会理解的。

至此，教学还要深入：田老师讲的难道仅仅就这一个故事吗？回到课文中，找到对田老师教"复式班"的描写。他同时教四个年级，刘绍棠跟着他学习了四年，可以带着学生算一算，四年有多少个学期、多少天，会讲多少个这样的故事。

语文课上，除了古诗，还有那么多不同体裁的文章。也就是说，除了依据诗的内容改编的故事，田老师还可能讲诗的作者如李白、杜甫等人的故事，以及"诗"以外的更多课文的相关故事。这不就是文中所形容的——"春雨点点"吗？跟着田老师听了四年的"故事"，这让"我"感到终生难忘。多好啊！这就水到渠成地引出课文后面的一句话——"从事文学创作，需要发达的形象思维，丰富的想象力，田老师在这方面培育了我，让我开了窍"。是田老师培养了刘绍棠的基本文学素养，为刘绍棠日后发表那么多优秀作品，成为当代著名的作家，打下了一定的基础。

以上我们是从作者的角度体会对田老师的感念。如果仅仅一个刘绍棠对老师感念，那还不够。因为这离"无心插柳"的境界还差一段距离。

教师还可以带领学生继续深度阅读，深化主题。田老师是复式班教学，一到四年级都是他一个人教。每一个年级他都这样用心教导。而且，课文结尾写道：田老师执教了40年。这40年，他培养了千千万万的人，这就叫"弟子三千"、"桃李满门"。然后回到"无心插柳柳成荫"。他对每一个学生都是在插柳，这样的老师多了不起啊。原来，让刘绍棠感念的，不只是老师对自己的培养，还有他"面向全体学生"的境界。

田老师40年来用心培育他的所有学生。人的寿命有多长？百岁已算高龄，田老师为他的学生们付出了40年，容易吗？不容易。什么叫呕心沥血？什么叫百年树人？这就是。因此，结尾作者感慨的"十年树木，百年树人"，让学生感到栽一棵树很容易，十年就长成了，可培养一代人却需要几十年，甚至上百年啊！

如果有可能，可以引用《长大后我就成了你》的歌词（不一定唱）——"放飞的是希望，守巢的总是你；写下的是真理，擦去的是功利……"。一位这样的老师，一位不图任何回报的老师，为刘绍棠播下了文学的种子，放飞了一个农村孩子的梦想，促成了"刘绍棠们"一生的成就。

此刻，作者用自己的笔记下了终生难忘的"师恩"，上课的教师、听课的学生们，怎能不感念这样的老师？！

到这里，"十年树木，百年树人"、"无心插柳柳成荫"这些名言警句也许才会进入小朋友们的"嘴里"，消化在他们思考的胃中，他们才会切实地体会到这些词语、句子的真正含义，体会到"感念"的温度与厚度，最终，留在记忆的深处。

一颗感念的心，也许因为对以上语言文字土壤的耕耘，深深地扎下了根。

除了上面的教学建议，还就细节谈几点建议。

1. 个人的风格不必刻意改变。人的天性很难改变，上课时教师如果不刻意避免自己的缺点，注意力就能更好地释放到学生身上。

2. 面向全体学生。有时候，公开课是借班上课，因不了解学生，难免会出现发言不均衡的现象。但在平常的教学中，就要面向全体学生：这个问题我要能力强的回答，作提升；那个问题我让中等学生发言，作强调；有的问题我让学困生来重复，作巩固和鼓励。这样教学，卡在一个地方，过不去的时候，你就回过头来想想自己的教学预设有没有问题，学生为什么不接你的话茬，而不能只找一两个成绩好的孩子发言，就滑过去了。这样才能给你下一次的教学带来借鉴。

3. 学生的"一副好口才"从哪里来？课堂上一定要训练。首先，要让学生把声音放开，做到落落大方、侃侃而谈，而不是夸夸其谈。当下，说一个人老实，不爱表达，这并不是优点，而恰恰是弱点。因此，要给学生创造朗读、口语交际、讨论等锻炼机会。

4. 关于板书，中年级一定要体现自己的特色，要以词句为主。比如前面讲的"娓娓道来"、"身临其境"，还有"无心插柳……"、"十年树木……"，这些经典的词句是这堂课的眼睛，若写在黑板上，可以帮助学生潜移默化地积累与运用。

[教师反馈]

借我一双慧眼吧

也许是因为心理素质差吧，每次有人听课时，课前我都十分紧张，课后也常常口干舌燥，四肢乏力，疲惫得像要虚脱了，特别是课上得不好、不顺的时候。今天就是如此。四年级第一单元主题为"师恩"，有两篇主讲课文，第一篇是《师恩难忘》，第二篇是《孔子和他的学生》。假期里年组分配备课任务，我负责的正好是这个单元，所以还算精心作了准备，开学后同年组教师听了我的设计思路，纷纷叫好，于是醺醺然，就请窦老师来听课。

备课时，将主题定为课题"师恩难忘"，然后围绕课文展开，用"恩"字的造字法导入——当人们成功或得救的时候，心里想想原因，于是就会感谢别人的恩情。然后让学生从课文中找出能体现师恩的词句，重点讲读"娓娓道来"、"身临其境"、"引人入胜"、"春雨点点"等关键词，体会田老师用故事教学，启发"我"的形象思维和想象力，这对于"我"而言就是师恩的表现。然后进行语言训练——"我_____地对老师说：_____"，回顾课文内容，体会师恩难忘。最后齐诵"十年树木，百年树人。插柳之恩，我终生难忘"。表面上看起来逻辑还算顺畅，重点词句也都作了解读。

但课上得很累。学生的朗读总是入不了情境，语言训练时也没有出现预想的争先恐后的景象，整个课堂变成了我的一言堂，越到后来越没有人愿意举手发言，即使带着学生齐读，学生发出的声音也仅仅是出自他们的喉咙，而不是心灵。下课后，没有往日成功教学后孩子们的前呼后拥、依依不舍，不用听领导评课，光看孩子们的冷漠表情，我就知道——这是一节失败的课。

问题出在哪儿呢？整整一天，我做什么都心不在焉，将教学设计的每一个环节都放在头脑里重现。怪自己训练学生不到位，怪课堂引导不灵活，怪语言训练的设计太难……但是看了您的文章后，我才恍然大悟，尽管我意识到了很多问题，但这些都不是问题的关键。

关键在于我的教学是线性的。备课时我就盯着教材那一课的一亩三分地，教学的顺序就是课文的顺序，说句不好听的话，我的备课就是想尽一切办法把课本里那篇该学的课文变成40分钟课堂教学的过程。

的确，我有理由为自己辩护——学校工作忙、事情多，每日上班时间都不由自主地陷入繁杂的事务当中去。备课，往往在晚间，夜阑人静时，蜷起僵直的腿脚，振作疲惫的精神，屏蔽掉许多正常的享乐，甚至要抵御住读书的诱惑。然而，时间还是太有限了，有限得只能有时间好好想想明天就要上的课。——这是教师的真实生态，甚至我可以大言不惭地说，这是一个有责任感、有足够良知的教师的真实生态。正是由于这样的目光短浅，每天的教学就没有课程意义上的引领，没有对学生年龄特点的足够重视，甚至没有小范围的哪怕是主题单元的同类文本建构。教学就在这样日复一日的疲于应付中走向了窄化，走向了视野局限，走向了少慢差费。

回想刚刚过去的暑假，不是没有用功，甚至放弃了旅游的机会，参加了两个语文教师的培训。响应学校"建设书香校园"的倡导,我一个半月读了19本书。其中有儿童文学,有文学名著,还有很多名家的课堂实录。可就是忘了仔细读一本最该好好读的书——语文教材。我从读过的书中汲取对语言文字的感受力,以及众名师们上课时的引导方法,将之作用于我自己的教学,呈现在课堂上时,有可能对教材挖掘得十分到位,教学的引导有一定的逻辑和方法。但这些悬浮在空中的方法、技巧是需要与地面上的孩子们作有效的链接的,而链接的媒介就是教材。您说语文教师要把自己当成"用语文教人"的,而不是"教语文"的。我理解,您的意思恐怕是语文教师,应当通过教语文而达成教人的目的。您评价我功底厚,这实在不敢当,因为衡量教师的水平,不是看他自己有怎样的能力与素养,而是看他究竟培养了学生什么样的能力与素养。

追本溯源,问题还是在于我对主题教学的理解不够深入,认识有偏颇,或者说没有自觉贯彻主题教学思想理念的意识,理论与实践分了家。所以,庆幸开学初就请您走进我的课堂,使我的教学不致日错一日,渐渐谬之千里。在后面的单元教学中,我想应当集中精力先完成以下这些工作:

一、主题确定

确定主题不能只凭感觉,应当反复、深层次地阅读文本,然后与学生的认知水平有效链接。教师阅读文本后所提取的关键词不一定最适合作为教学主题。最适合作为教学主题的关键词,要看它是不是课文的情感、思维与文化的主线,是不是学生在现有年龄阶段能够理解的,是不是能够通过条分缕析拆分成可以循序渐进地认识的一串相关词语,要看能否利用它带出课文中需要重点讲读的精彩句段,甚至带出一连串的同构文本。

主题一旦确定,尤其是定得正确,备课的过程自然就会水到渠成。但具体到某一篇课文,文中众多的关键词,究竟选择哪一个更适合、更准确呢?这就需要教者慧眼识珠,窦老师的解读总是让人眼前一亮,所以她的教学才会那样成功。如果没有这样的能力,干脆就用笨办法,将课文中或与课文相关的所有关键词悉数拿来,一一尝试,相信总会有一个最佳选择。

二、单元规划

我们应当明确,给学生上课不是为了呈现花里胡哨的 40 分钟,也不必追求教学的热闹活跃、完美无缺,而要尽一切可能多教给孩子东西,并且教得有效,用您的话说就是长在孩子身上。这次您给我评课时特别强调教学有效性的问题,我感觉在《师恩难忘》的教学中,我就是没有处理好如何才能让教学有效的问题。

我想,有效的教学就应当是如您所说的具有"温度"、"广度"、"深度"的教学。由于性格使然,"温度"在我身上不难实现,甚至有时我还有点激情过度,以后我会慢慢修正。而最难实现的,是"广度"与"深度"的和谐与适度。

在教学中,由于自己能力有限、经验不足,主题教学的"广度"总是不能有效地拓宽。不是找不到可用以拓宽广度的文本,而是教学设计的时候,不知道应当如何取舍。个人认为,每一课的教学都应当有一个情感的基调,要保持相对的完整性,不能东一榔头,西一棒子,把课上成大杂烩,那样课文中的意境就没有了。但是,恰当的"广度"引入却会对理解文章产生推波助澜的作用,比如您上的《圆明园的毁灭》、《秋天的怀念》,还有您听我上的《我爱故乡的杨梅》。然而,怎样才能既不破坏教学的完整性,又有效拓宽教学的广度?同构文本应当如何取舍?这些方面我都还不够成熟,需要努力。

还有就是深度的延展。我同意您说的话——"深度不是难度",我想,对于像《师恩难忘》这样的清新朴素、没有太多思辨内容的课文,深度是否可以理解为"情感的浓度"?一节课上下来,如果学生焕发了对老师的理解、敬爱、感念,而这些既不是教师的强势灌输,也不是口号般的流于表面,而是真正发自学生内心世界的共鸣与认同,那么,这就是一节成功的课。然而,"情感的浓度"怎样才能由淡薄到清浅到渐浓,乃至最后的漫溢与喷薄,这是很难做到的。

因此,不论是"广度"还是"深度"的拓展,我想依靠以往的备课方式都是不可能实现的。以往的常态课教学,我总是比对着教材备课,看看教材有几个自然段,可以分成几个部分,找出应当重点讲读的语句和段落。然后按照从头开始的顺序,用上从各位名家那儿学来的技巧,一部分一部分地写出教案来。教案与教学的顺序基本等同于课文行进的顺序,至多不过是把课文变厚,教学时没有结合上下文进行引申,没有与课外知识有效链接,课堂呈现出线性。

下一步我努力的方向,是使我的课堂由一条线变成一张网,这张网由开放与闭合两部分组成。闭合部分,围绕主讲课文,把教材中与理解主题有关的内容交织在一起,就像您所说的"把文字压缩、捶扁、拉长、磨利,把它撕开又并拢,折来叠去"。开放部分,要合理建构单元内容,先将本主题单元内可以同构到本课教学中的内容同构进来,然后继续放眼课文之外,有效利用一切有助于理解主题的内容,使我们的课堂丰满而有效。

教语文已有一年了,如果说去年今日还可以用缺少经验来自我安慰,待到明年今日,课如果还上成这样,我就不知道该以怎样的面目示人了。所以,感谢您让我在教语文之初,就能读到您的关于语文教学的著作,从一开始就能避免一些低级错误。更要感谢这一年来,您一次又一次抽出宝贵的时间走进我的课堂。您给我提的一个个问题——不会导读、不善提问、激情过剩压抑思想,等等,振聋发聩。围绕这些问题,我反复阅读您的有关语文教学的论著,并从语文教学界的其他专家、名师那里汲取营养。然而,您给我提的许多问题至今还没有得到令人满意的解决,而新的问题又在不断地产生。不过,就在这一次又一次的自我否定,一次又一次的痛而后快的成长中,我正一步步地朝着光明的方向前进。期待着,您再听我的课;期待着,这样的成长再快些。

14. 字，必须好好写

——由《祖国在我心中》引发的感想

"许多大学生写的字，真没法看。"近日，在北京甘家口人才市场招聘会上，不少招聘单位的主管人员发出这样的感慨。我们身边很多学生不仅把字写得歪歪扭扭，还总是提笔忘字。看到、听到这些，我的心里很不舒服，我陷入了沉思。

主要问题在哪里

教育外部环境的影响——也许是因为汉字太难写了，而现在又是知识爆炸的时代，所要学习的东西太多了，人们已经不能像古人那样有闲情逸致，把写字当作修炼心性的学问。不管怎么说，当下，浮躁让人们已经很难静下心来，或者说绝大部分年轻人已经静不下心来，他们乐意接受电脑打字，而不喜欢手写。家长则受"短期效应"的影响，望子成龙心切，肯在电脑和其他兴趣培训班上给孩子花钱，但专门让孩子练字的却不多。

造成学生写字能力下滑的主要因素是电脑越来越普及，学生过于依赖电脑打字。一项调查显示，在不想改善字迹的学生中，超过七成的人认为，可以用电脑打字替代手写。有一部分学生甚至认为，电脑越来越普及，手写麻烦、易错，根本没必要练写字。有个高年级学生说，电脑打字特别方便，交作业有时可以交打印的版本。现在电脑的汉字输入法越来越智能化、人性化,一个打字熟练的人,噼里啪啦地在键盘上敲上几分钟,就可以敲出一段又工整又漂亮的文字。

教育本身也难辞其咎——教师们都有这样的感叹:现在的学生写字水平一届不如一届,书写很潦草。2004年广西高考中就有2000份考生的作文试卷,因书写潦草、不工整而导致电脑不识别,最后经过反复处理,还是有几十份作文卷,因书写过于潦草或使用墨水不符合考试标准,造成电脑无法读取,而最终得了0分。也是在这一年的高考中,广西参加高考的考生共有20多万,在第一次阅卷时,作文得满分的只有68篇,可经过复审,作文得满分的试卷增加到497篇。这后增加的429篇满分卷,大多是因为卷面字迹不够美观,差一点被埋没的。考生们,千万别让自己的"字"误了前程。这是教师们发出的呼喊。

其实,我们学校已经开始重视写字了。主抓教学的我反复强调写字的重要性,也写过几篇文章,开过几次现场研讨会,以提高教师的认识。因为专门指导学生写字的师资力量不足,日常的写字教学只好由语文教师负责,不过,教师们都懂得——识字教学,是贯穿于整个小学语文教学,甚至是整个义务教育阶段的重要内容。

时代发展是必然趋势,可孩子从小就不好好写字,长大了自然就写不好字。虽然明白这个道理,我们却已经扭转不了这样的局面了。我专门和朋友们探讨过这个问题。有的朋友很超然:完全杜绝电脑打字是不可能的,就像我们今天已经不再写七律诗,已经不用文言文写作,而用简化字写信;我们现在的话语方式,已经不自觉地融入了西方话语表达的特点;除了音译词"粉丝"外,还诞生了许多词,如"鼠标"、"酷"、"pk"之类,不一而足。据说一些"80后"和"90后"青年,还在网上创造了一种符号文字进行交流。用朋友的话说,这是时代发展的趋势,不可能阻挡,也不可能让语文教师"固守情怀",而要面对现实,用发展的眼光看待未来汉字的发展。

这些话不是没有道理。不过,在正视上面这些现象的同时,不应削弱文字教学。我们语文教师应当做的,是要尽力强调中小学生写好汉字的意义,继续弘扬中华民族的优秀文化。一句话,字,还须好好写!

语文教师应该怎么做

个人认为，首先，教师们应设计生动、活泼的活动，培养学生的写字兴趣，发挥学生的主动性。通过示范、比较、观摩、展示等方法加强写字教学的趣味性，帮助学生克服困难。其次，通过写字教学使学生了解汉字的魅力，开展传承祖国文字、书法的课余活动，提高学生的书写能力，加深他们对汉字实用功能与审美功能的理解。再次，学校应为学生写好字提供必要的条件保证，提供与学生身高相适应的桌椅、充分的采光照明等。最后，教研部门和学校应加强写字教学研究，针对写字教学中的问题提出改进建议。基于自己的身份，就这最后一点具体谈一谈。

1. 记忆字形要科学——据统计，98%的语文教师没有接受过专业的识字教学的指导培训，对识字教学缺乏了解。因此，教师们虽然看上去重视识字，但在如何运用汉字构字的规律引导孩子记忆字形等方面，都需要提高。

《祖国在我心中》一课有"祖"、"国"、"眼"、"睛"、"洋"、"京"、"辽"、"阔"、"图"等生字。教师的教学步骤很好：读一读字音，说一说记法，提一提该注意的地方，想一想生字笔顺，然后指名汇报。学生汇报时很踊跃。大多数学生数笔画记忆。然而，记忆方法最好能够多样化。比如"图"，我觉得引导学生用结构记忆法好一些。"图"是全包围结构，外面是"大口框"，里面是个"冬"，"先进人，后关门"。还有"隔"，如果学生也用数笔画的方法，就比较难了，教师若引导学生用左右结构的字的规律去记忆，就容易一些。

还要注意的是，这些生字中形声字很多，可教者却忽略了这一点。关于"洋"、"眼"、"睛"、"辽"等，对于二年级小学生，教师可以引导他们运用"形声字"记忆的方法识记。还有一些字，可以引导学生用猜字谜的形式理解并记忆。总之，一定要激发学生记忆字形的欲望，并培养他们的创造力。

当然，我们还可以引用人文知识，因为一个汉字往往就是一个故事。

比如"阔":三国时候的曹操要做一扇门。当木匠做好时,曹操看了没有说话,只在门板上写了一个"活"字。众人不知道这是什么意思。这时候,杨修告诉大家,这扇门太窄了,要加宽一些。你看,"门"上写一个"活"字,不就是"阔"吗?可以想象,学生听了这个故事后,不需要再用什么数笔画的方法,也不需要再用什么结构记忆法,就会记住字形,而且了解其义。(在此感谢王杰红老师,我在评议这节课时,她讲了这个例子。)

总之,在识记过程中,要适当渗透识字知识和识字方法,培养学生自主识字的能力。

2. 写字指导要科学——传统的书法教育观认为,要写好字就必须多练。所以许多教师在平时的写字教学中,一味注重写字的量,认为字写得越多就会越好。而且在指导学生写字时,大多形式单一,只重量,而不重质量。不过,现在这种情况已有改观,教师的意识已有所提升。比如《祖国在我心中》一课,教师提示生字的笔顺、字形、偏旁后,让学生在书上描一遍。描的时候,要求学生每一笔都要描到位,一边描一边记每一笔在田字格里的位置。更重要的是,教师还检查了学生的读写姿势。最后打开本子,先写一个,然后再和书中田字格中的字进行比较,看看哪儿写得好,哪儿写得不好,在写第二个时要把它改过来。

但指导还是不到位。比如,细心的教师会发现,"国"和"图"是形近字,可以将它们放在一起进行比较,效果会更好。

再有,对于生字中哪个相对来说比较难写,教师一定要心中有数并重点指导。个人以为"阔"不好写,教师要好好指导:"阔","门"写小了,"活"就装不进去;如果"活"写大了,"门"就框不住了。教师可以一边说,一边写上这样两个"畸形"的字。然后学生自己动笔的时候,就会注意一个"度"。

陈惠娟老师在另一节识字课中上来就说:"夜"字难写,我们一起来写这个"夜"字。你为什么认为"夜"字必须引领学生写?其实,我认为生字表里的"窗"字更难写,不是吗?也许我的想法也不对,其实,这个时候应该问问学生。即便写"夜"字,也要放手让学生观察写好它的关键在哪儿，比如上下结构，而且，一定要注意，上面的点横要照应着下面的部分。最后一笔——捺可以多延伸一点，这样就托住了上面的点横。下面的左右两部分，关系也是紧凑的。

3. 字体指导要科学。我们说学生的字写得不好，其实，仔细看看教师的字，也不怎么样。多数语文教师不懂书法，不知道汉字中的美是怎样表现出来的。当然，教师的字写得不好，也是与他们小时候的教学、教材和教法有关的。这样代代相传下来，大多数中国人就写不好汉字了。

现在，字体很丰富。我们不应要求学生必须模仿教科书，只要他们能写出"横平竖直"的字即可。这样他们就容易把每个字都写工整。然后，再要求他们把字写得大小均匀。到了一定年龄，他们可通过临摹字帖、上书法课学习自己喜欢的一些字体，甚至可以通过练习写出具有个性的字体：有的苍劲有力，有的刚柔相济，有的龙飞凤舞，有的潇洒大方，有的俊秀漂亮，有的充满灵气，有的如行云流水……

有一位家长说：孩子才上小学二年级，每次回家都有写"田"字格的作业。我也经常要求他端正写字姿势，写的时候要专心，因为只有小时候把基础打好了，长大了才能写出漂亮的字。我不要求他的字写得像书法家的那样漂亮，只要让人看着舒服就可以了。不是常说从一个人的笔迹就能看出一个人的性格吗？字写得怎样在一定程度上能表现出一个人的修养！我当然不希望自己的孩子写一笔臭字了。虽然现在电脑用得多了，打出来的字都是四四方方工工整整的，可我还是觉得用笔写字好，写出来的字是有灵性的，打出来的字冷冰冰的。

这位家长的话倒很实际，他并不要求孩子写出"书法体"，只要注重写的过程，字就有了生命。

教师们在指导学生写字时，并没有具体要求写出什么样子。所以，上面谈的第三小点，是我个人的建议，愿和教师们就字体问题作一个探讨。

总之，识字教学的问题太多。听了两节识字课，写了一点东西，以上内容难免挂一漏万。在此我还要把当时听陈惠娟老师识字课的感想记录下来，算是补充：

1. 在低年级，必须打下坚实的写字基础。教师要详细指导字的基本笔画、笔顺规则，要求每一个字、每一个笔画，都要尽量写好。

2. 写字指导必须细致、到位，教师可以边指导边板书示范，引导学生把典型的字写好。示范时，一定要摆好姿势让学生看见你写字的过程。

3. 注意，每节课都让学生动动笔、写写字，不要把写字任务集中在一节课上完成。

4. 注意养成良好的写字习惯。比如，要求学生看清字形再起笔；把字写整洁，尽可能不用橡皮擦擦字。有些学生总是趴着写字，教师一定要提示再提示，要求再要求——"眼离书本一尺远，胸离桌子一拳远，手离笔尖一寸远"。

5. 所留作业，是创作小诗——我看不合适。该留什么样的作业才合适？这也必须是识字教师要思考的重要环节之一。

6. 读书、认词、识字，这个二年级的识字教学套路，与一年级的有什么区别？

[附　教师课后反思]

以点及面，思考识字教学的有效性问题

识字教学是低年级的重头戏，我对识字教学研究了三年，这是第几次上识字课已记不清了。上课前我也在想，究竟怎么才能将课上好呢？总感觉识字教学无外乎这么几个套路：读音要准、字义要清、字形要美……依据中国汉字的特点将音、义、形弄明白就行了。于是，按照这样的思考开始备课，开始琢磨教学设计。于是乎，好似套了一个模板一样的识字教学课又诞生了。这次也是一样，课顺利地上完了，学生该学的字好像也学会了，但窦老师的评课将我头脑中的模板击碎了，让我在重新审视识字教学时有了豁然开朗的感觉。

这让我想到了识字教学的有效性问题。中华民族的汉字文化源远流长，书法艺术的魅力也是震撼人心的。从象形文字到形声字，每个字都有演变的过程。印象最深的是从网上下载了窦老师的《亲人》一课，课堂上窦老师将"亲"字的演变过程用课件展示给学生，虽然没有能够在现场看看学生们的反应，但给我的感觉是震撼，如果这样的汉字文化能够传递给学生，那会激发他们多少探究的兴趣啊！也许我们会说，不可能每节课都做到那个程度，但是，我想我们的识字教学就该以这样的态度去处理，去面对。

识字教学的有效性，从较宽的方面谈，涉及教学的有效性。低年级学生注意力集中的时间大概在20分钟，在这个时间内学生能够运用他们的有意注意进行学习，其余的时间，如果教师的教学能够引起学生的兴趣，那么即使在无意注意的情况下，学生也会获得知识。教学的有效性由此又归结到了如何激发学生的学习兴趣、摒弃无用功的问题上。在我上的这节识字教学课中，我感觉最大的无用功就是"宽敞"一词的教学，当时，我反复纠正学生的轻声变音，其实这是在浪费时间，学生本来能够将字音读准，教师又何必无病呻吟呢？细想一下，不就是想让识字环节更扎实吗？但是却将力量用错了地方，使得一些本该抓的词，如"窗帘"的字音没有能够抓住，错过了卷舌音的练习机会，这不能不说是一种"少慢差费"的现象。

另外，我又想到了窦老师给我提的扩展问题。这节课，本来我的设想是训练学生的想象能力。利用学生对平房的喜爱之情，让他们想象平房中还有什么。这样不仅能加强学生对平房的喜爱之情，还扩展了他们的思维。本来我还为自己的"创举"感到骄傲，但是经过窦老师的指点，我才知道，这乃是画蛇添足的一笔，本来美美的诗文被肢解得支离破碎，而且和后面布置的家庭作业——写一写关于你家的小诗——不相联系。这虽然逃脱了"无病呻吟"的"嫌疑"，但是又反映了对课文类型的理解不够深入的问题。教学真是一门深奥的学问啊！

如何提高识字教学的有效性呢？低年级的识字教学该怎么进行呢？上完课后，又听了王杰红老师关于识字教学的讲座，我对识字教学有了更深一层的感受。

第一,要处理好熟字和生字的教学时间分配问题。

在生字的学习过程中,不能够均匀用力。对于一些虽然是本节课要掌握的,但在平时的生活中常见的生字,我们就不必死揪不放。比如,我上的这节课中的"前"字,对它反复进行音形义的推敲,就没有必要了。这样就会节省出一些时间,可以用来处理一些比较生僻的字词。这是提高识字教学有效性的一个途径。

第二,依据生字生词的词性寻找教学重点。

小学阶段,虽然不能给学生讲词性,但是教师在备课时可以依据词性进行归类教学。《祖国在我心中》一课有很多表示地点的名词,借助图片理解它们即可。还有些名词,像《平房和楼房》中的"窗帘",让学生联系生活去理解,他们都能懂,那么就在读准字音上下工夫。像"宽敞"这样的形容词,不必用查字典的方式,可以采用"造句"的方式让学生理解并学会运用。

第三,利用汉字的特点进行音形义教学。

利用象形字、会意字、指事字的特点让学生记住字形,理解字义。很多字都体现出了汉字的造字特点,在识字教学中,可以先让学生理解汉字的"义",而理解了汉字的"义"又能够帮助记住汉字的"形"。这样一个相互促进的过程,可以使识字教学上升一个理论的台阶。

第四,启发学生的主动性,编顺口溜识字。

在我还是小学生的时候,一个字给我留下了深刻印象——"一个日本人,拿着一把刀,杀了一口人,流了四滴血。"这个字就是"照"。像这样的不美的顺口溜,我们现在尽量不用,但是从另一个角度来讲,学生能够利用它来记住这个字也不是偶然的,对于学生来讲这是很有意思的东西,他们愿意去记,并且记得很清楚。因此,我们可以利用一些无伤大雅的顺口溜来帮助学生记住字形,还可以让学生发挥自己的想象创造能力去编一些,这样,就会降低识字难度。

对于学生的写字,我通过讲这节课和听王老师的讲座,有了自己的思考:首先,对学生写字姿势的提醒无论如何不能放松,只要重视起来,他们就会有进步。

在今后的写字教学中,可以让学生去体会笔画长短参差、疏密均匀、互相避让、轻重缓急的美感,然后让学生将这些美感融会在自己的创造之中,让识字、写字教学走向审美的深度。

陈惠娟

15. 一节现代诗歌课引发的思考与建议

——有感于《下雪的早晨》

在小学语文教学中，不同类型的文本，教学形式各有不同。在教师心中，古典诗歌难讲，现代新诗似乎更难讲，所以"读不懂"、"讲不好"的问题在现代诗歌教学中普遍存在，现代诗歌的教学也成了很多教师颇感棘手的教学难题。

我也不敢啃这块硬骨头，因此，这么多年来一节节有影响的研究课中没有现代诗歌教学课例。不过参加过一些研讨课，听到过好多现代诗歌的教学。我认为有两种倾向值得思考：一是低年级的现代儿童经典诗歌，被当作纯粹的识字载体。当然，这没有错，问题是一点诗的知识都不渗透，就浪费了这些诗，那还不如另选一个文本进行识字教学呢。二是中高年级的现代诗歌课，采用了千篇一律的讲读课模式，甚至，把诗歌拆得七零八落，使之成为简单的用件。这里重点谈后一点。

一节案例

一位青年教师教学艾青的《下雪的早晨》。全诗共有三小节，教师每学习一小节，就采用一个方法。甚至有的小节的教学中还运用了多个方法。比如学习第一小节时，教师采用填空练习的方式，让学生理解这是一个（　）下雪的早晨，之后采用缩写的方式进行对比，让学生体会反复的表达修辞。学习第二小节时，采用自学提示的办法：用"＿＿"画出自己喜欢的词语、句子，并简单批注读书的感受。这一环节颇费工夫。教师巡视、提示，学生先动笔，而后谈感受，这需要很长时间。在汇报环节中，教师加入了一些内容，比如清代诗人袁枚的《所见》——"牧童骑黄牛，歌声振林樾。意欲捕鸣蝉，忽然闭口立"，然后让学生想象男孩捉蚂蚱、捕蜻蜓的情景。引导学生：男孩看到一只绿莹莹的蚂蚱趴在青草叶上，于是"走、蹲、扑……"；一只蜻蜓从他眼前飞过，他是怎么捉的啊？他追啊，追啊……学习第三小节时，教师配乐引读，并质疑：读到这儿你有什么问题吗？小孩是谁？作者为什么一直想着他？在教学的最后一个环节，激励学生创编，让他们仿写："看着雪花飘飞，我想得很远，很远。想起_____，_____，这一切啊，我都记得很清。"仿写后师生还要点评。最后教师留了两项作业：把仿写的诗读给爸爸、妈妈听；做一个小小收藏家，把这首诗背诵下来。

以上，我只是概述了这节课的教学环节及内容。40分钟里，学生一定很忙。当我们坐下来做一名小学生，设身处地地想一想时，也许就能够理解：为什么忙了半天，孩子们却不知道自己究竟在忙些什么？

两点思考

第一点：诗歌教学，是追求短效还是长效？有时，知识的获得是即时的，比如，有些说明文是事实性"知识"，可以即时获得。有些是默会知识，比如诗歌文本，可以慢慢熏陶感染。现在，我们常讲课堂要有效，甚至高效，其实，这是急功近利的说法。这节课教师采用了那么多教学手段，其目的是让学生学有所获，然而却忽略了文本的特殊性。学习这种类型的文本，如果学生能有立竿见影的收获，那么这恐怕就不是诗了。

因此，这类文本教学时要警惕仿写。好诗是否都要仿写？究竟什么文本适合仿写？吃馒头，就一定要长出肉？这是功利主义的教学行为，也是对作家的不尊重。似乎人人都可以当诗人，诗人的创作就是简简单单的写作。其实，哪能这么简单？尤其是教师自己都没有写诗的经历，就让学生仿写，这是不切实际的。我们常说"不学诗，无以言"，"腹有诗书气自华",这是读出来、学出来,而不是仿出来的。

第二点:学习方式如何才能不成为形式?学习方式,既要符合文本特点,又要符合儿童的年龄特点。我们常说,拉着一匹马去饮水,不如让这匹马感到口渴。然而,马口渴时,让它喝的水必须温度合适。因此,研究有效的学习方式,实际上就是"研究学生"。但是基于文本类型的研究才是最科学的。

就学科特点来讲,诗歌教学和阅读教学有什么区别?诗歌教学最佳的教学方式应该是什么?案例中教师采用的质疑方式是否适合诗歌教学?从所问的具体的问题,比如"读到这儿你有什么问题吗?小孩是谁?作者为什么一直想着他"看来,这是阅读课的教学方式啊。

将让学生自主批注,放在中年级进行,恐怕也是不合适的。当教师把两名学生批注的本子,用实物投影仪显示的时候,我马上就看到"兴高采烈"的"烈"写成了"列","无忧无虑"的"忧"写成了"优","虑"写成了"虚"……学生连生字都没有过关,就让其批注,太为难他们了。

三点建议

1. 把握现代诗的元素、文本及背景

诗歌是"文学的文学"。在现代诗歌的教学中,教师要在充分掌握中国现当代文学史的基础上,深入了解诗歌体裁上的特点,准确理解每一首诗歌的主题内涵和艺术风格,充分认识中国新诗民族现代化主题的时代意义和抒情艺术风格的审美价值。上述案例中的诗歌,为艾青所作,有两个问题要注意,这就是要把握文本,考虑现代诗的元素,同时,还要考虑艾青诗歌的特点。

艾青说:"我只是设法把我感受得最深的,用最自然的方式表达出来。"他将自己的诗歌特点总结为八个字:朴素、单纯、集中、明快。其实,这也是现代诗歌的基本特点。现代诗在语言风格上,力求简洁、通俗,不用复杂的句子,少用判断词、连接词和结构助词,注重诗句与诗

行的统一，节奏单纯明快，呈现"天然去雕饰"的自然美、朴素美。艾青的诗作，将抒情和哲理融合为一体，将强烈的感受、深刻的思考凝聚在单纯明快的诗句里，将精巧的构思以朴素自然的形式表达出来。《北方》、《大堰河——我的保姆》、《下雪的早晨》都彰显了这些特点。艾青主张以现代的日常所用的鲜活的口语，表达自己所生活的时代——赋予诗以新的生机。这种参差中显得和谐，运动里取得均衡，变化中获得统一的自由体，扬弃了格律的羁绊，无须矫揉造作、呕心剔肺地写。而且，《下雪的早晨》主题单纯，内容浅显凝练，节奏明快，韵律和谐，富有儿童情趣，读起来朗朗上口，易于朗诵、记忆和表达情感。

艾青的诗歌还有一个特点，即富于散文美。强调诗的自由奔放，是诗的构思、形象与散文的章法、句法的巧妙结合。艾青诗歌的散文美含有绘画美的成分，他曾说："诗人应该有和镜子一样迅速而确定的感觉能力，而且更应该有如画家一样渗合自己情感的构图。"这跟艾青早年就学画，多年来对绘画颇有研究有关。有的评论家认为，艾青的诗作既有诗的激情，又有画的意境，认为他三十年代的诗具有油画的质感，四五十年代的诗具有国画的韵味。《下雪的早晨》的开头就是一幅画——"雪下着，下着，没有声音，雪下着，下着，一刻不停，洁白的雪下满了院子，洁白的雪盖满了屋顶，整个世界多么静，多么静"。

了解了上述内容后，该采用怎样的教学方式呢？

2. 除了朗读，还是朗读

我们常说"诗无达诂"，这并不是说要丧失标准，任意而为，而是说对于一些具有丰富复杂内涵的诗歌可能会有多重解释，可以从不同角度进行分析，力求找到最符合原意的"可能性"解读；这是靠近式的解读，而不是远离或僵化的就诗论诗。笔者以为，这种开放式的可能性的解读，首先应该是一种深度而准确的细读，而不能只是泛泛而谈，更不能是离题的解读。

但这里要说明的是，对四年级的学生而言，并不是非要完成上面的"细读"不可。诗歌是语言的最高形式，诗人是语言的建筑师，诗歌创作就是以最恰当的语言，进行最恰当的形式排列。我们学习的是语言，而不是故事，也不是情节。诗歌教学，不能像其他阅读教学一样，将具有一定跳跃性、艺术化的语言，作为训练的要素。

这首诗的画面感很强。可以让孩子们在头脑里"画面再现"，想象、感受，这样，就不需要"掘地三尺"的分析讲解。另外，好诗是可以脱离时代背景的。虽然这首诗写于1957年，可诗的意象依然可以放在今天感悟。

综上分析，最佳的学习方法就是朗读，除了朗读还是朗读。朗读，可以让儿童步履轻松，好像漫步在天然的牧场，诗本身的诗意与纯净，会给儿童的心灵涂抹一层天然的诗意土壤，让朗读护卫他们的精神空间，为他们提供一个放飞心灵的诗性的精神家园。

3. 把握诗歌特色，以多种方式朗读

朗读，不是没完没了地读，或者想怎么读就怎么读。我们常说，教学时要把授人以鱼与授人以渔结合起来。

就《下雪的早晨》这首诗来说，可以采取多种朗读方式。比如，第一小节采取画面再现法，第二小节采用角色体验的方式。

对于上述案例，我想从归类对比的角度谈一谈。我以前在教学中，曾从各种角度比较不同文本的共性或相异性。对一些诗词，从主题、性别、历史、时代、文化等角度，以及诗歌的构思方式入手，提供一种立体式、多角度，而非单一化的教学方法。我建议，最好选取一个作家的其他诗歌作品，既可以用来扩展朗读，也可以用来比较朗读。比如把脍炙人口的《大堰河——我的保姆》和《下雪的早晨》进行对比朗读，可以深化学生对诗歌的感受。

且看《下雪的早晨》中的第二小节："看着雪花在飘飞，我想的很远、很远，想起夏天的树林，树林里的早晨，到处都是露水，太阳刚刚上升，一个小孩，赤着脚，从晨光里走来……"再看《大堰河——我的保姆》中的一个片段："大堰河，今天我看到雪使我想起了你：你的被雪压着的草盖的坟墓，你的关闭了的故居檐头的枯死的瓦菲，你的被典押了的一丈平方的园地,你的门前的长了青苔的石椅,大堰河,今天我看到雪使我想起了你。……"

　　让学生对比朗读。两首诗都写到了雪,都写到看到雪想起了某个人,一个是小男孩,一个是大堰河。这里不必细细分析,就让学生朗读,教师略加提示,让学生在朗读中体会:小男孩和大堰河,都是普通人和底层民众,大堰河在现实生活中不仅确有其人,而且与诗人有着密切的情感纽带,所以《大堰河——我的保姆》写得充满真情;小男孩,也一定是作者记忆中的人物。通过朗读,让学生对不同诗中的雪与人进行关联,这将带给学生一种关乎人生的思考。

　　至于作业,可以背诵《下雪的早晨》这首诗,或让学生亲近艾青的其他诗集《大堰河》、《欢呼集》、《黑鳗》、《春天》、《归来的歌》、《彩色的诗》等,引导孩子走向艾青诗歌的海洋。

　　感谢这节《下雪的早晨》带给我的思考。诗歌教学既是一种知识教育,也是一种审美教育,更是一种情感教育。"在心为志,发言为诗","诗言志","诗言情",诗歌所具有的内倾性、情感性和审美性,特别适合用来培养丰富细腻的情感与健康美好的人性,可以使我们变得"多情"、"爱美"、"乐善"。

16. 如何实现真正的师生平等对话

——有感于《月光曲》及其他几课

> 一个词的后面，躲藏着一个世界。一盏灯，也不能把它说出。镜子看着我，说出我说的一切，却没有声音……
>
> ——姚风

西苑学区开展过一次"教师专题研究"的课堂教学展示。教师有了"专题"，教学就有了课题。于是，教师们就会在"专题"研究中，明确研究方向，让自己的教研带有"科研"色彩。

在听课中，我发现，各个学校重点从"改变教师的教学方式"和"改变教师的学习方式"入手，集中探索研究了"如何实现真正的师生平等对话"、"如何引导学生用经验来学习"两项专题。下面就"如何实现真正的师生平等对话"，谈谈自己的思考。

什么是课堂教学中的"对话"

"对话"是课程改革中的"要素词"。我们该怎样理解"对话"？我们在课堂上呈现的和学生的对话样式，应该是什么样的？对话最终的目的是什么？

说实在的，前几年，我也经常用"对话"这个语词，但并没有真正理解"对话"的含义，只是感觉很时髦，与课改俱进嘛。我相信，大多数教师一定和我一样，只要看到一个课改标记的语词，二话不说，就

"拿来"。

后来,我读了两本关于"对话"的专著及相关理论,再加上自己的实践思考,对这个语词的含义有了初步的体悟。因此,听《月光曲》一课,看到研究的是"师生平等对话"这一专题时,就想到了与"对话"相关的"理论链条"和自己之前的思考。

听完课,读到执教者写在教案前的"专题研究说明"中的几个关键词——"平等"、"人格"、"心灵"后,觉得有必要先弄明白,为什么这次课程改革要提出"对话",并将之写在学科《课标》中。围绕执教者的课前阐释,我觉得需要进一步思考的是:怎样的对话才能体现真正的平等?怎样的对话,才可以因"平等"而走进儿童的心灵?

要把这些问题弄清楚,我认为还是要从源头上说起,这样,专题探讨才能落地有声,落地生根,而不是云里来雾里去,最终让人不知所云。

什么是"对话"呢?这里,我要讲一个大家也许都知道的例子:

> 小明起床后,洗漱完毕,和妈妈一起吃早饭。他咬了一口鲜美的包子,兴致勃勃地告诉妈妈:"今天我的同桌小敏过生日,我已经为她准备了一份生日卡,不知道其他同学会送给她什么礼物?"妈妈看着儿子嘴里塞得满满的,还在不停地说话,就说:"吃东西时说话当心噎着,时间不早了,抓紧吃完。上学的东西别忘了带。"

小明和妈妈在餐桌边一起说话,而且是由小明引出了妈妈的话,乍一看,双方似乎是在交流、"对话"。但仔细一推敲,便发现两个人的话之间没有必然的联系。他们关心的是各自的话题:小明关心的是同学的事,妈妈关心的是小明的事。双方并没有一个固定的说话中心,他们的话自然也就"对"不上了。

由此,我们发现,"对话"虽然是大家经常挂在嘴边的词语,但"对话"的实质与精髓大家却并不去探问。其实,对话是一种聚焦,是在过程中探索和发现真知与灼见。像苏格拉底的"追问式",《论语》中孔子与其弟子的交流,都算是一种对话。这里不想谈论对话的形式或者技巧,总的来说,对话对于双方来说,是一种"有意义的交流"。你和别人在一起说话，看似你来我往互相说，却并不一定就是真正的对话。对话是带有共同的"语言密码"，进行深入交流，达到一定交流目的的过程，否则，对话就成了对答，或者一问一答的简单沟通。

那么，什么是课堂上的"对话"？

课堂上的"对话"一定要聚焦教学内容。既然是教学中的对话，那么一定是具有鲜明"教育性"的交流与表达。课堂上的"对话"就应属于教育领域里的"对话"，这，就需要我们好好读书学习，弄明白：课堂上的教学对话究竟是什么？怎样才能实现真正的对话？否则，课改所倡导要求的"对话"岂不是成了"空头支票"，或者挂在天上的"星星"，只有永远遥不可及地仰望了吗？

美国的布伯斯这样论述了教育学意义上的对话——"不像其他的交流方式（如聊天、谈判，等等）。教育学意义上的对话是一种直接指向发展和新的理解的行动，它能增长知识、增进理解、提高参与者的敏感度。它代表着一种持续的、发展的相互交流。通过它，我们获得对世界、对我们自己以及人们相互之间的更充分的理解"。

布伯斯区分了教学中的两种对话观，即"目的论"与"非目的论"的对话观。他认为"目的论"的对话观，是将对话视为一种获得知识的途径，这种对话有一个"确定的、预设的终极目的"；而"非目的论"的对话观，关注的则不是"引导它的实践者获得一致的和毫无疑问的结论。它的作用在于它更多的是启发，而不是找到真理的答案"。实际上，对话教学中，以上两种对话观不可能截然分开。

如果说布伯斯的对话观让我明白了"对话"应关注什么，那么，巴西教育家保罗·弗莱雷的《被压迫者教育学》细致深刻的阐述，则让我对"为什么要进行课堂对话"有了比较深入的认识。

弗莱雷从"灌输式教学弊病"入手，指出灌输式教育采用的教学方法主要是讲解，这种方法让学生只能接收、输入并存储知识，把学生变成了"容器"，变成了任由教师"灌输"的"存储器"。"教师越是往容器里装得完全彻底，就越是好教师；学生越是温顺地让自己被灌输，就越是好学生。"

正如弗莱雷认为的，我们以往的课堂状态是：①教师教，学生被教；②教师无所不知，学生一无所知；③教师思考，学生不用思考；④教师讲，学生听，温顺地听；⑤教师制定纪律，学生遵守纪律；⑥教师作出选择并将选择强加于学生，学生唯命是从；⑦教师作出行动，学生则幻想通过教师的行动而行动；⑧教师选择学习内容，学生（没人征求其意见）适应学习内容；⑨教师把自己作为学生自由的对立面而建立起来的专业权威，与知识权威混为一谈；⑩教师是学习过程的主体，而学生纯粹是客体。

今天，我们的课程改革提出的对话，就是一种"革新性"的教育观。革的不就是上述"灌输式"的一条条命吗？

也就是基于上述"弊病"，我们的课程改革郑重提出——教育和教学应该是对话式的，是一种对话性、创造性的活动。这些年的实践与探索，让我有意识地在课堂上努力杜绝灌输教育所产生的严重后果。

首先，努力使学生具有批判意识，让他们成为现实世界的适应者，成为未来世界的改造者——这在我教学的《圆明园的毁灭》一课中有明显体现；其次，努力激发学生的创造力，依据学生的"最近发展区"，把学生的创造力提到最高水平——这在我教学的《晏子使楚》一课中体现得较充分；第三，注意"人性化"教育，决不把人变成机器。人不仅仅存在于世界之中，还与世界和其他人一起发展；人不是旁观者，而是再创造者，人是意识的存在，确切地说，是智慧的拥有者——这在我的《牛郎织女》、《三打白骨精》等教例中都有体现。

随着思考的深入，我还读到了巴赫金的观点——课堂是很多种"声音"相遇的地方。他的一个经典问题是："是谁在说话？"一个人说话不仅反映了说话人的声音，还反映了话语所指向的那个人的声音。

另外，这种声音包含了来自说话者早先的生活经验、他的历史和他的文化中的声音，因此，这种声音所产生的说话包含了很多他者的声音、他者的意图和态度。在所有他者的声音之外，说话人还保留着他自己的声音。

因此，我们所说的话不仅属于我们自己，而且属于他者，我们只是临时占据了这些话。所以，一个人说话，实际上有众多的"他者"在参与、在说话，是混合的"杂语"，因此，课堂上教师和学生对话时，教师要善于识别并引导学生去发现有"谁"在发声。

可见，课堂教学中的对话，并不是简单的"舌头行为"，也一定区别于"灌输式"的教学。基于此，我们的教学，因对话的形式、内容及思想的改变，而成为"生成"或"生长"的教学。最终，教师和学生通过"对话"，走进或借助"文本"，深入探究，然后走出"文本"，形成自己的独立见解。

课堂"对话"的条件及特征是什么

不管是在课堂上还是在生活中，只有通过双方有意义的交流，才能赋予"对话"真正的意义。以下，笔者要借用弗莱雷的观点来阐述自己的思考。

1. 对话的基本条件是什么

"不在沉默中爆发，就在沉默中灭亡。"人类若存在，就不可能是沉默的。人类应生活在真正的对话中，对话应是每个人平等的权利，而不是教师的特权。因此，教师必须反思，我们不应剥夺学生说话的权利，而应尊重学生说话的权利。要从人性的高度认识到：学生说话，是对世界"发表意见"，将来也许会成为一种改造世界的行为。然而，课堂上的对话并不会自然产生，要形成对话，需要一定的条件：

（1）对话与平等。对话应在人与人之间平等地进行。一个人向另一个人灌输思想时，被灌输的一方只是在简单地"消费"别人的思想，这样的行为并不是对话，只会成为连篇空话，是不可能揭示文本表达之意，甚至对自我的认识的。

（2）对话与挚爱。挚爱是教师的一种发自内心的主动行为，同时也是一种自由的行为。但挚爱不应当成为操纵学生的借口。相反，只有解除对儿童的控制和压迫，才有可能重新获得爱，才能与别人进行对话。

一句话,对话就是师生双方爱与爱的"回流"。

(3)对话与谦虚。师道尊严的另一种境界是教师谦虚。因此,课堂对话不能是教师傲慢自大的行为。当然,这种谦虚是双方的,对话中,只要有一方——无论是教师还是学生不谦虚,自以为是,瞧不起对方,那么对话就会破裂。

(4)对话与信任。对学生的信任是对话的先决条件,在与学生面对面对话之前就要相信学生的潜能。"离开了对人的信任,对话就无可避免地退化成家长式操纵的闹剧。"信任只有在对话双方把自己的真实、具体的想法告诉对方时才能产生,如果有一方言行不一致,信任就不能产生。

(5)对话与希望。离开了希望,对话也同样不能存在。希望的存在,是因为人总有不完善的地方,而人又总是不停地探索以摆脱不完善,而这种探索,只有在与他人的沟通中才能实现。因此,不必苛求课堂上的对话非要达成认识的统一或者结果的完美。

(6)对话与批判性思维。个人认为这一点最重要,也是上述条件的落脚点。我在课堂上寻求的"三度"中的"深度",注重的就是批判性思维。它只是提供一种可能,提供一种改造,而不是一种静态的接受。它不像幼稚的思维那样,只是为了理解文本的意思,或适应规范化的现实。"对于批判者来说,重要的是对现实进行不断改造,是为了人的不断人性化。"

从以上几点可以看出,要实现真正平等的对话,对教师的要求无疑是很高的。平等、爱、谦虚、信任、希望、批判性思维,等等,所有这些优秀品质,教师必须拥有,只有这样他才具有实现"对话"的重要条件,从而在课堂教学中,通过对话达到教育的目的。

2."对话"的特征是什么

当一些鲜活的理论思想照耀我们的心灵时,我们国内研究者也在探讨"对话"在教学中的意义。基于课程改革,专家和研究者认为对话具有多重性质,有研究者在总结教学对话历史的基础上,认为教学中的对话具有方法和原则双重性质或三重性质:一是以对话为手段,二是以对话为原则,三是以对话为目的。以对话为手段的教学,充分发挥对话在教学中的积极作用,把对话作为了解学生学习状况、活跃课堂气氛、推进学生学习进程、提高教学效率和质量的一种有效手段,即通过对话进行教学。以对话为原则的教学,则将对话看作师生课堂生活的基本方式,是课堂教学的固有要求。教师把学生看成学习的主体、课堂生活的主人,把学生当作具有独立人格和尊严、具有表达和交往需要、具有一定生活经验和一定理解力的个体,加以关怀和引导。以对话为目的的教学,其目的是使学生敢于表达,并善于表达,学会有序而准确地表情达意,学会以听众可以理解的方式、可以接受的方式表达,学会倾听,学会尊重、理解、分享他人的思想和感情,学会平等对话,学会求同存异。

基于此,我们发现,无论是双重还是三重对话性质,都有以下共同特征:

(1) 对话是师生间平行平等的交流。在交流中有两个前提很重要:一是要真实地表达思想,不要说假话、废话;二是要积极地参与交流,参与社会活动。如果在交流中尽说假话,或者讲的也许是真话,但却是套话,那么这种交流就失去了意义。师生间的双向性的交流,是一种平行、平等、民主、真实、积极的交流。在这种交流中,师生双方都是主体,为了共同的目的进行交流。

(2) 提问是对话教学的关键。要使对话有成效,提问是关键;教师不只是知识的传递者,更应成为问题的提出者。提出的问题应"不愤不启,不悱不发"。因此,师生关系才会发生深刻的变化。教师在与学生进行对话时,也能从学生身上获得启发,从而让对话走向深入。

(3) 对话式教学需要师生间的合作。在对话式教学中,对话的双方都是主体,教师提出问题,学生也提出问题;学生提供知识,教师提供补充,共同去揭示文本的意义,最后完成各自的提升。因此,对话不是强制的,不能被某一方操纵,而是双方的一种合作。

另外,英国思想家兼物理学家戴维·伯姆的《论对话》,超越了教育意义上的谈话和交流范畴:从我们固守的价值与信仰,到人类情感本质与作用;从我们的内心思维过程的模式,到人类记忆的功能;乃至最终深入到人类大脑每时每刻的体验，等等。

  毫无疑问，关于"对话"的探索，必然会对我们中国人所固守的文化观念、生存意义，乃至自我认识，提出严格质疑。近些年来，教育体系里围绕"对话"出现了众多实践、技巧与定义。虽然没有任何一种观点敢于声称自己"绝对正确"，但我们还是能够对各种不同观点加以区别，从而澄清它们的意图。

  不管怎么说，课改中"对话"的提出，是教师观念、思维与角色定位的巨大转变。教师只有懂得什么是真正的对话，才会在对话中学会对话，培养对话的精神。

  因此，当你明白什么是课堂上真正的对话，对话需要哪些条件、有哪些特征等理论的时候，面对这一研究专题，就不会简简单单地停留在表层意义，而是到课堂上进行实践验证。教师必须借助有意义的交流，不断探究和解决教学中生发的问题，以增进教学"双主体"间的理解，提升师生的教学质量、生活质量，甚至生命质量，只有这样的交流，才能真正称得上课堂教学中的对话。

怎样做到"师生平等对话"

  执教者在"专题研究说明"中说：教学中，教师与学生主要是以文为中介进行平等的精神交流。民主、平等是"对话"的第一法则。如果没有民主与平等，师生间就无法对话。教者强调课堂是"对话"的课堂，而这样的课堂其前提是"民主"、"平等"。下面，我们就从"平等"与"对话"这两个关键词出发，谈一谈以下几个问题。

  1. 课堂上教师是否体现了"专题研究说明"中的理念

  （1）关于"平等"。执教者在"专题研究说明"中写道：语文教学应该在师生平等对话的过程中进行。并且，对话的前提是平等——师生关系的平等。只有师生关系平等了，民主了，信任了，才能进行无障碍的交流、愉快的沟通。基于这样的认识，教师就会呈现不一样的教学姿态。

这位教师亲切和蔼，语气平和。每一句话，都没有让学生感到"被压迫感"。是的，对话不应成为一个人在气势上控制另一个人的狡猾手段。在进行对话前，必须营造一种安全自由的氛围，让学生感到轻松自由。课堂上教师语气中透着平等，可是却没有提出富有挑战性的对话，而且"专题研究说明"中掺杂了具有"原则"和"目的"两重性质的对话表述。个人以为，这种感受式的表达，是否应让"平等"量化一些？比如，若要实现平等，起码应具备三个条件：一是对话必须是双边或多边的；二是双边或多边有共同关心的话题；三是一方的说话内容必须能引起另一方的说话反馈。

　　（2）关于"对话"。执教者在"专题研究说明"中说道：要学会做一名听众，倾听学生的话语的含义，一边听，一边思考，并给予适当引导，使谈话逐步深入。让我们成为学生的伙伴，成为学生的沟通对象，让课堂成为师生平等对话的平台，让阅读教学在轻松愉悦的气氛中，真正实现个性化阅读，让学生把语文学习当作一种美的享受。

　　教师的想法是好的。充分信任学生，课堂就有了对话的希望。如果教师和学生双方对自己的努力都不抱任何希望，这样的对话将是空洞无聊，沉闷乏味的。如果把对话建立在信任的基础上，对话就成了一种水平关系，就能制造出一种互相信任的氛围，使对话双方形成一种更加紧密的合作关系。当然，不能为了追求平等对话，就把课堂全部交给学生，让他们随心所欲，畅所欲言。对话的意义不能仅仅停留在上面的文字表述中，而必须真正体现在课堂上，让学生真正做到"个性化阅读"。否则，任何对话都不能真正走向心灵的深处。

2. 需要弄清哪几个问题

　　针对教师"专题阐释"的分析，个人以为，教师必须深层次思考，"平等"的含义不是教师的态度，更不是教师的语调或者表情所造成的"错觉"。我以为，真正的平等应该是科学安排教学内容，很好地实现"教"与"学"的黄金分割。

　　（1）语文课堂的对话，一定是基于"语文"的对话。

《语文课程标准》明确要求:"语文教学应在师生平等对话的过程中进行。"其实,这一要求看似属于"教育学"的范畴,但却属于语文"专业自身"。任何学科在教学中都应该借助学科内容,开展对话。

那么,我们的语文教师应该怎样理解语文课堂上的对话呢?

我认为,我们可把对话界定为"人们彼此之间借助言语,以达到交流思想,促进理解的一种行为方式"。这种"言语"就是"文本"本身。基于此,我们语文教学中的对话,简单一点来理解,就是教师与学生和"文本"对话的过程,也就是说,教学过程中体现的必是因"语文"而产生的对话的形式或内容,而不是外加的"表扬"或"激励"等交往与互动。

教师对课堂设计理念(其实不是理念,而是针对文本内容采取的教学手段;理念就是专题)的说明是:"抓语言训练,提高实效";"潜心读书,强调实效";"抓文本空白,读写结合"。且不说这些内容的安排是否合理,单就这些内容而言,教师在"教案说明"中并没有说明怎么通过"平等"的手段来呈现,来完成。比如有一处"写话训练":从哪儿看出他们是一对贫穷的兄妹?这样一位双目失明的姑娘,生活贫穷却没有挡住她对音乐的追求,读到这里,相信你也很不平静,请用上"虽然……但是……"把你的想法写下来。这种训练是从文本出发的,但却走向了文本的外面。而且都用"虽然……但是",写出的话一定是大同小异的,根本没有体现"对话"的价值。这样的训练也就是让学生写点感想罢了。

其实,真要用对话的形式体现"读写结合",文中的"眼点"还是很多的。比如,课文结尾处语言优美、含蓄:"琴声停了,妹妹仰望天空,兄妹俩陶醉在美妙的琴声中。等他们清醒过来,贝多芬早已离开了屋子。"如何才能将语文知识转化为语文能力,将文学积淀为素养,从而用文字完成思想和情感的整合?此处,就可以让学生和文中的他们继续对话:扮演贝多芬,回答他为什么悄悄地离开了;再扮演兄妹俩,想象清醒后的他们会说些什么呢。这是基于课文的延伸。此时,可以续写,更可以现场创设情境进行"人物对话"。我相信,这时学生写的一定不一样，语言样式肯定很丰富，也许还会联系上下文来续写，这样，所表达的感情就是在续写的文字中流淌出来的，而不是节外生枝的思想拔高。

因此，如何把前面大段大段的"专题研究说明"和后面的"设计理念"紧密联系在一起，才是这堂课的"产品"，而不是"各说各话"的两张皮。这，是执教者和其他所有语文教师必须思考的问题。

（2）课堂的"对话"，需一步步走向思维的深度。

这堂课的具体过程是怎样的，是否一步步实现了"对话"的目的？

和谐的师生关系仅仅是促生对话的"催化剂"，而并不是对话本身。上文谈到"对话的具体特征"时，强调的是教师的"提问"。因此，教师在提问时不能仅仅提一些形式化的问题，或者说理解性的问题，要打破线性思维，提出能激起学生思考的问题，还要激励学生自己提出问题，通过提问，学生不仅要学会回答问题，更重要的是要学会对答案提出质疑。

比如，完全可以打破课文结构，先从课文中间描写的《月光曲》入手，让学生感受《月光曲》的三个乐章——"微波粼粼"、"波涛汹涌"、"风平浪静"，然后追问：音乐创作是需要灵感的，贝多芬的灵感仅仅来自天上的月亮、海上的波涛吗？这样一来，学生的思维就被调动起来，他们就会迅速对文章的"起因"进行思考。

对话中学生也是提问者。这堂课上，有一个教师让学生质疑的环节。学生提出了三个问题：1. 为什么贝多芬告诉盲姑娘自己就是贝多芬？2. 盲姑娘怎么知道他就是贝多芬？3. 贝多芬为什么称盲姑娘为"您"？这几个问题提得多好啊！有了问题，就有了讨论话题，于是，师生间、生生间就有了对话的内容和兴趣。接下来教师干什么呢？是否就是充当解决问题的帮手？不是！而是要推波助澜，让学生的思考透过这些"内容或感情"上的问题，走向理想。遗憾的是，教师并没有提出更深层次的问题。

我以为，教师这个时候应该顺势提出一个问题：如果这位小姑娘不是盲人，更不是穷人，尽管她喜欢贝多芬的音乐，贝多芬会不会告诉她自己就是贝多芬？或者会不会给小姑娘弹琴呢？如果这个问题让学生展开充分的讨论，那将是多么精彩的场面。教师不必担心学生"七嘴八舌"，要知道，这才是真正的"畅所欲言"。而且，最终，学生的答案肯定会触及文本要表达的"原点"问题。

看不见光明的穷人小姑娘和她哥哥，不是当今的追星族，他们在追求一种高贵而宁静的东西。贝多芬呢，他从来就没有把自己当作名人。穷苦的、耳朵失聪的他，面对穷兄妹、盲姑娘，同命相怜啊。他永远不会歧视他们，而是俯下身，用自己的双手创造了《月光曲》！

此刻，我多么希望学生能问一个更深刻的问题：为什么叫"月光曲"，而不叫别的？这样，更加深入的对话就会展开。除了文中交代的环境，夜晚的月光还有什么含义？此时教师完全可以"解题"：什么时候可以看见"月光"？黑暗的夜晚。越是黑暗，月光越亮。月光曲呢，那是只有黑暗时刻，才能体现月亮光明的曲子。月光不是每天都有的，可《月光曲》却可以永远倾听，并印在小姑娘的心中。看啊，《月光曲》，那是把光明送给了小姑娘——茫茫黑夜之中，点亮了小姑娘的眼睛，照亮了小姑娘高贵的心灵；那是人性温暖的力量，驱走了小姑娘眼前的黑暗，以及穷兄妹一家内心世界的黑暗。

可以想象，有多少名门贵族想让贝多芬谱曲！可贝多芬偏偏把《月光曲》送给了一个不相识的贫穷的盲人小姑娘，因此，看不见世界的她，却听见了世界上最美的声音。那是用生命谱写的高贵安详的永远流传的曲子。"我的音乐是为穷苦人创作的。我做到了这一点，我是幸福的！"这是贝多芬说的，他也是这么做的。当年，拿破仑成为法国人民的英雄时，贝多芬谱了一曲，叫《拿破仑交响曲》，可由于拿破仑的"帝国侵略"，贝多芬一气之下，将之改成《英雄交响曲》——他要把这支曲子送给未来的英雄——可见其心灵的高贵、人格的尊严！

课文的最后一段交代了这是一个传说。至此，还应进一步让学生从文章的"体裁"上思考：为什么人们要把《月光曲》当作美丽的传说？原来，《月光曲》所赋予的人性光芒不仅仅属于兄妹俩，也属于那些虽然贫穷，然而心灵依然高贵的人们。他们愿意口口相传，愿意琴琴相传，感染并影响一代又一代有着这样情怀的人们。

其实，为了让对话深入，可以设计三个"对话"梯度：一是从《月光曲》的内容出发，二是讨论《月光曲》的内涵，三是思考为什么《月光曲》会成为一个传说。在思路定好后，所有的"语文训练"都可以围绕"对话"进行设计，这样，训练不但容易落实，还会走向对话的高度。教师和学生的"对话"因为结合了文本，就可以"对"出滋味，"对"出水平，"对"出深度来。我想，通过这样的"对话"，学生不仅知道了这个传说，而且也将"安详与美丽"的人生思考，播种在自己的心灵里。于是，《月光曲》的"安详"，就会成为精神的泉眼，灌溉着学生们人性的品质。这，可能就是对话的课堂应追寻的主题。

（3）教师必须懂得"对话"的真正意义。

如果课堂教学中的对话没有走向深入，那么，课堂上的那些"问答"充其量也就是问题的"相加"，不会变成纵深的思考，而只会成为课堂"肤浅后遗症"。

> 民主与平等包括知与情两个方面：从知的角度而言，教师与学生只是先知与后知的关系，不存在施恩者与受恩者的关系，不存在尊卑的关系；从情的角度来看，教师与学生一样，拥有独立人格，拥有自由意志，拥有丰富而敏感的内心世界，拥有舒展生命、表达自己的空间。师生关系只有民主平等、亲密无间，如形与影的自然亲和，似声与响的相得益彰，教学对话才能在心灵的层面上真正进行。

上面这段话，是执教者对于"对话"的阐释。说得多好，多深刻啊！可是课堂上，从感情的维度来看，哪一处体现了"灵魂的高贵"？从内容的维度来看，哪个环节体现了"思维的辩证"？前几天，在海淀区的教学工作会议上，我听到有人提出当今课程改革存在两大落差：一是课程标准与依之而制定的教材之间的落差；一是教学理念与课堂实际的落差。我想，今天的课堂是否真正有所改变，我们教师究竟该怎样改变，这些是新课程改革必须面对的问题。否则，一个个"民主"、"平等"等被泛化的口号，在每天的叫喊中，就如天上的飘絮，从未扎进泥土中，又怎么能长出"民主"、"平等"的种子呢？

如果这样下去，我们的"课改""改"的是什么就不清楚了，课堂上若不落实"改"的内容，也许就会把不该"改"的也"改"了。就"对话"来说，如果没有深层的学习与实践的结合，就不配"专题"这两个字，更谈不上带有"科研性质"的教研了——我们的教学充其量只体现了以往的"谈话法"、"提问法"、"问答法"等。

因此，教师必须读书，善于思考，从历史的高度、文化的高度、哲学的高度，认识"对话"的意义，必须把"对话"放在高处，方可一览众山小，带领学生走向光明的人性彼岸。要知道，在我国，在"听话"依然被当作一种传统的道德追求，甚至成为我们"活着"的最好庇护的今天，"对话"的意义多么重要！

我在陈家琪教授的《沉默的视野》的读后感中，写了关于"听话"的感想。为了说明问题，这里做一次自己的"文抄公"：过去，小孩子都是从听话而长大成人的。现在，我们教育学生时，动不动还是"看谁听话"。要说过去小孩子几乎都听话，今天小孩子大多不听话。但我们会根深蒂固地要求他们一律听话。比如，上课要注意听讲，规规矩矩，"别哭"，"别闹"，"别说"，"别玩"……把想怎么样就怎么样的"想"否定掉。我们教师很高兴学生们以"顺从"的姿态听我们的话。其实，我们是明白尊重学生这个道理的。比如，课程改革的课堂讲究师生的平等，强调师生由"听话"转为"对话"。从深层意义上讲，它挑战了我们关于教师和学生的关系、知识本质，以及学习本质等方面的思维成见、定见与主观认定。

面对我们习以为常的中国式"沉默的文化"，面对中国人潜移默化形成的"双重人格"，我们须扪心自问：当我们的学生或教师有时候不能顺着教师或领导的心思，有时候"吹毛求疵"的时候，他们的表情和语气会是什么样子的呢？然而，当听话成为习惯时，感情就会变得麻木与冷漠，思维就会停止转动，思想就会窒息死亡——人啊，就会变成"活着的死亡"。这让我想起了美国波士顿犹太人屠杀纪念碑上的著名短诗：

在德国，起初纳粹追杀共产主义者，我没有说话——因为我不是共产主义者；接着，纳粹追杀犹太人，我没有说话——因为我不是犹太人；后来，纳粹追杀工会成员，我没有说话，因为我不是工会成员；此后，纳粹追杀天主教徒，我没有说话——因为我是新教教徒；最后，他们奔我而来，却再也没有人站起来为我说话了。

若没有人为你说话了，就更谈不上和你"对话"了。那时，一切，都在寂静地走向"死亡"。然而，我们的声音会不会在沉默中走向爆发？

月亮正从水天相接的地方升起来；微波粼粼的海面上，霎时间洒遍了银光。月亮越升越高，穿过一缕缕轻纱似的薄云。忽然，海面上刮起了大风，卷起了巨浪。月亮在乌云中穿行，被月光照得雪亮的浪花一个接一个朝着岸边涌过来……风停了，浪息了，月光下的大海无比安详与美丽。

这是课文对月光曲的描绘。感谢你，这位执教《月光曲》的朋友，带给我们"波涛汹涌"的讨论！

风停了，浪息了，月亮升起来了。月光下，大海安详而美丽，那是在深深地思索吧。学会对话，运用对话，于对话中重塑人生的意义、目的与精神，进而改造自我、人性和社会。一句话，学会对话，就是培养公民意识、独立人格！

路迢迢，"革命"尚未成功，"同志"仍须努力！

17. 从一节低年级识字课，看小班化教学

——有感于《小母鸡种稻子》

17世纪初捷克大教育家夸美纽斯提出班级授课制，这是教育史上的一件大事，对提升人类的整体素质，起了至关重要的作用。今天，我们越发认同，教育必须以培养具有独立个性和人格，以适应现代社会，促进现代社会发展的人才为目标。那么，与之相适应的教育观念、教育内容、教育手段等，还要与时俱进。这样一来，传统大班额班级授课制弊端日渐显现。

一、对小班化教学的进一步认识

小班化已经不是一个时髦的词语了，在发达的城市，小班化教学已经形成一定的规模。随着这些年的不断探索，我们认识到，班级人数相对较少固然是小班化教学的一个特征，但绝不是它的本质特征。然而，小班化就一定会以人为本，关注差异吗？小班化是实现优质教育的必要条件还是充要条件？小班化是否意味着教师的工作变得轻松起来？小班化是否有独特的理念和教育模式？

看来，小班化不仅是方式的变革，更是科研的命题。一切因改变而诞生。上面这些问题现在还不能一一说透彻，不过，我认为小班化教学的重要前提是必须依托于学科内容。下面围绕这一点，结合一节低年级识字课，来谈一谈小班化教学应怎样遵循学科特点进行。

低年级的教材到底是干什么用的？它是识字的载体。文本不是学习的主体内容，识字才是最重要的。那么，要怎样进行识字教学呢？以下是我辅导我校赵金枝老师上课后她写的识字教学体会——

汉字，是一种特殊符号。其"特殊"在，与其他符号相比较，它多了个"音"的内涵。"音"是其听觉之"形"，"形"是其视觉之"形"，而"义"则是此"异形"之"同义"。因此，学习汉字，要明其音，记其义，识其形。《小母鸡种稻子》这篇课文是一年级"识记汉字"教学的载体，虽以童话的形式呈现，教学重点却还是得放在以文识字上。在此课的教学中，呈现了音、义、形三步走的教学思路。

首先，明其音。让学生听读课文，自读课文，文中析词，词中析字，明所学汉字之"音"。在汉字"音"的教学中，着重对一年级学生进行听读习惯、拼读习惯、问读习惯和指读习惯的培养。比如，上课伊始，听教师读；课中，听同学读……在汉字"音"的教学中，根据儿童的认知规律，培养学生字不离词，词不离文的随文识字习惯。教学时，先读文，再认词，最后识字。认词时，先将之从课文里剥离出来，再出示原文对照……

再次，理其义。先文内理解字"义"。《小母鸡种稻子》这篇课文中要学习的汉字一般都为常用汉字，大多数学生都可联系生活实际进行理解。在回读课文时，重点理解"愿意"、"自己"、"和"。然后引导学生运用已学生词，在充分理解词义的基础上，练习拓展说话，领会文"旨"。如创设情境，引导孩子进入角色，说出：明年，我愿意和你一起种稻子，你就不是只有自己种稻子了。

最后，记其形。识记汉字之形，分为记和写两步。首先，以类化方法识记字形。有加一加、减一减、熟字加熟字、讲故事、猜谜语、顺口溜、记笔画等多种识字方法。接下来进行写字"三部曲"：一看，二说，三下笔。先要看字的笔画在田字格中的位置，再把看到的表达出来，最后书写。要求学生摆好姿势，写字时做到三个一：胸离桌子一拳，眼离书本一尺，手离笔尖一寸……

上述低年级汉字教学音、义、形三步走，体现了知识的落实和习惯的培养。无论大班授课，还是小班化教学，都必须以学科为载体，进行知识的落实和习惯的培养。

二、对小班化教学的进一步思考

听一堂课，不能就课论课，须努力实现就课论道。《小母鸡种稻子》是海淀区小班化教学现场会上呈现的一节课，通过这节课，我们可以看到它所呈现的教学理念。下面就围绕小班化的特点展开它带给我们的思考。

如何尽可能地避免教育死角，使课堂更常态，更扎实？在正常的教学条件、教学设施下课堂教学所应达到的一种正常状态，就是常态课。今天我们看到的《小母鸡种稻子》，完完全全是一堂真实的课，教法朴实，没有花哨的形式，采用的都是扎实的训练。我们必须认识到，无论什么课型、什么课堂模式，都是为了培养学生的学习能力。学生的能力必须有扎实的基础，如果不能掌握课本上的知识，各项技能就会成为无根之木、无源之水。那么，扎实的基础从哪里来？从我们平时的每一节课当中来，要通过我们平常的教学活动来奠定。小班人数少，教师就有更多时间去关注每个孩子听、说、读、写的过程。今天我们在课堂上就看到教师随时随地走到学生中间，倾听不同的声音，"一对一"地辅导，学生的倾听习惯、基础知识和基本技能得到了更多、更扎实的训练。

如何更加走近精细化与过程化管理，实现"精致课堂"？用细节打造品质，注意年段特点、学科特点、课时特点，从而保证"精致课堂"的实现。"精致课堂"教学保证了教学向纵深发展，使学生在课堂上不但能"吃得着"、"吃得饱"，更能"吃得好"，使学校和教师的教育教学能落实到每位学生身上，落实到每位学生的学习行为上，真正体现以立人为本的思想。教师要从自身的教学中寻找不足，调整教学思路，改进教学方法，不断地向打造内容、方式的"精致教学"目标迈进。但这里还有一个问题：在内容精选上，小班化教学和分层教学，以及个性化教育有什么关系？是否只有小班才能使用分层教学？个性化教育是否只关注问题学生？总之，分层不是目的，而是手段。既要关注课堂上学生学习水平的差异，也要关注他们的个性差异。

如何让教学方式多元化，让"关注每个孩子"成为可能？有效时间的增加，空间变大，人数变少，会激发研究热情。随着改革开放的逐步深入，市场经济的不断发展和社会文化生活的进一步繁荣，学生的知识、视野得以拓宽，他们的批判和参与意识会变得强烈，对社会现象、班级工作和任课教师敢于发表一些主张或看法。因此，在教育过程中，应以尊重学生的人格和感情为基础，努力做到教学方式多元化：凡是学生能够自己探索得出的，教师决不代替；凡是学生能够独立发现的，教师决不暗示；凡是学生难以理解或不易接受的，可以适当创设机会，调动学生的多种感官参与学习活动，主动建构知识；凡是学生独立学习有困难的，可以通过小组合作互相帮助。

小班化教学带给我们的思考还有很多，比如，使教学具有更强的针对性，有利于因材施教，促进了师生互动，有利于学生主动健康地发展，等等，已知的等待我们进一步总结和合理地利用，未知的需要我们不断地探索和发现。但最关键的还是教师。教师是一切课程的基础。状态比技术更重要。如果没有发展的动力，有再好的技术也没用！无论是小班化还是大班化的学校，可以允许有不太优秀的教师，但不允许没有优秀教师！让我们努力成为优秀教师，迎接小班化教学的美丽春天。

18. 疑问·追问·叩问

——听《印度洋上生死夜》一课后的道德质疑

参加江苏无锡的"和谐校园与儿童道德学习观摩研讨会"时，大会组织方安排了一节语文课，并让我评课。听课时，我有以下一些质疑。

一、故事本身的疑问

2005 年的印度洋海啸，给人类带来的罕见灾难虽未亲眼所见，但各种新闻报道也让我有所触动。然而，这篇发生在 1998 年印度洋上的海啸故事，却让我感到不真实。

皮埃尔夫妇租的是一条高速快艇，正常时速可以达到 120 海里。出事地点距离港口约 75 海里，半个多小时就可以到达港口，救了妻子再报信是完全可以的。

第三自然段开头说皮埃尔的妻子"渐渐苏醒"了，而皮埃尔不可能傻傻地等着妻子醒来，而没有进一步的行动。那么，到底是怎么回事呢？情况只有一种，那就是皮埃尔的妻子昏迷时间不长。可课文结尾写到地震发生的确切时间是晚上 11 时 57 分。正常情况下，皮埃尔应该在最短的时间内采取行动，赶回港口，而不会拖到后半夜。

还有，皮埃尔是一名出色的船长，他不会不知道晚上驾驶快艇出海有多危险。而且，1998 年很多人已经拥有手机或者传呼机了，从船长夫妇的身份来看，他们应该拥有。

而且，有细心的教师去查世界地图，发现在印度洋马斯科林群岛的圣但尼港东南约75海里处，没有航线，所以不会有豪华邮轮经过那儿。另外，据有关资料介绍，海啸是一种灾难性的海浪，通常由震源在海底50千米以内、里氏6.5级以上的地震引起。水下或沿岸山崩，或者火山爆发也可能引起海啸。课文中说地震只有里氏5.2级，是引不起海啸的。还有，海啸来临之前，虽然人类没有什么反应，可章鱼等其他水生物不会没有反应吧？可文章中却说："一条巨大的章鱼，正用它那八条长长的腕将克勒松死死缠住。"都什么时候了，它还忘不了死死缠住克勒松？

即使这是小说，具有一定的文学性，也要符合人情、环境、地理等方面的规则。如果主题先行，漏洞百出，文学就会显得丑陋。针对这样的故事进行"道德学习"，这样的道德可信吗？要知道，只有真实的道德，才是可信的。

请问作者：文学中的道德能代替现实中的道德吗？

二、课文中的道德追问

有人将语文教材分为"定篇"、"例文"、"样本"、"用件"。这篇课文既然已经被当作教材，那么教师就要把它当作"用件"。那么，教师应该怎样用教材引发我们的思考？

教参明确表述：体会皮埃尔船长舍己为人，危险中将自己的生死置之度外的崇高精神。如果将这种崇高精神作为本课教学的中心，那么，抓住"生"与"死"这两个字眼，就能树立起船长高大完美的形象，达到感人的教学高潮。可是，当你在阅读中发现故事漏洞百出时，你还能讲得下去吗？

皮埃尔将妻子的安危置之度外，通报信息挽救客轮，可谓唱响了一曲舍弃亲情救他人的赞歌。然而，一个人的生命只有一次，生命是如此美丽，又是如此脆弱。皮埃尔在生与死的严峻考验中，选择"抛弃"妻子，让人感受到一个灵魂的伟大，同时，又让人心里很不舒服。

当然，皮埃尔是经过剧烈的心理斗争才作出决定的。他知道30分钟后将有一艘豪华客轮经过这里，他必须挽救更多人的生命。然而，"此时，克勒松……抽搐"。这是克勒松因受伤失血而出现的生理现象，也是生命即将耗尽的信号。在此之前，他完全可以携妻逃脱险境；此时，他可以打出"请救救我们"的灯语，而这一切，他都没有去尝试，原因只有一个：为了更多人的安全。最后，妻子的"躯体已经冰凉"，而豪华客轮却脱险了，此刻，他心里"反而变得分外平静"。然而，妻子的死与他没能及时送她回港口抢救紧密相关，所以他又觉得于心有愧，因而请求她"原谅"。"谢天谢地……你可以安息了……"这是皮埃尔第二天从报纸上获知最新消息之后的"自言自语"。可是皮埃尔真的能平静吗？他九泉下的妻子真的会安息吗？

由此我们可以思考：我们应该选择什么样的生活？皮埃尔有必要这样做吗？这样的行为为何能够指导我们的人生价值？某种行为是否道德高尚的根据是什么？

既然故事不是真实的，为什么不设计别的情节呢？比如，可以让皮埃尔只身一人去舍命救人，而不需一个受伤的妻子陪伴；可以让皮埃尔和妻子一起无惊无险地相助他人，这也很了不起。可这篇课文却设计了"放弃"妻子的情节，我感觉很残忍——天真烂漫的儿童能接受得了吗？妻子克勒松成了一个陪衬，她的死成了刺激读者的催化剂。似乎不死人，就不够感天动地。而且，非要英雄在生死抉择之际，看着自己的亲人"抽搐"着慢慢地死去，好像这才叫"壮举"！难道我们的教育只能沉没在这种道德"假大空"的包围中？试想，孩子们泪流满面地走出课堂后，果真会舍生忘死、不顾亲情吗？

请问这样的"英雄"：这样做，你的良心坦然吗？

三、人性中的道德叩问

课堂上，我们往往因豪言壮语而麻痹，常常因津津乐道于那些言不由衷的对话而陶醉，最终离人性越来越远。

我们怀疑课文的真实性，但却未怀疑世间存在类似皮埃尔这样的伟大灵魂。任何时代任何国度都不乏这样的英雄壮举。我们应该告诉学生，所有人，都应该对这样的英雄壮举予以尊敬。然而，当我们的心被那些博爱的心灵震撼的时候，当我们的泪水因那些伟大灵魂的逝去而流淌的时候，我们首先要爱自己，爱亲人，爱身边的人，然后才是博爱，爱所有的人，而不要特意去寻找那种不会经常遇到的"惊天动地"。

因此，这篇文章的道德价值不带有普适性。因为这样的事情我们可能一辈子都遇不上。

正是基于对生命意义的个体理解，正是因为一直倡导用珍爱生命的态度去珍爱生命中的一切，人性的回归才成为许多文本解读和阅读指导的钥匙。因此，学习这个故事，既要走进去，也必须走出来。其实，我们可以将许多类似的关于生死关头考验亲情或爱情的故事，拿来进行相同命题和不同意义的对照与比较。也可以设计一些开放的教学环节：让学生在文本中体验，当一回妻子，或者当一回丈夫，然后问学生：作为丈夫，你会怎么做？作为妻子，你会怎么做？

答案一定是多种多样的。可是，所有的答案都不能轻易肯定或者否定，不能轻易用道德的尺子过早地给学生作评价。因为这些答案只是学生一时的言语，它必须经过岁月的淘洗。有时候，人在突发事件中往往会选择背离其一贯的思想与意志的行为——在特殊环境中人往往会产生模糊判断，瞬间的决定有时候带有不确定性。也许，很多"丈夫"和"妻子"在遇到课文中的情况时都会陷入两难选择——这才是真实的人性。没有答案，也许就是本课所应揭示的道德答案。

选择"生"还是"死"，这是一个复杂的哲学命题。我们知道我们是什么时候生的，但却无法确定什么时候会死去。但是，我们有选择生的权利，一个真正的人活着的权利。

因此，对生活追问、对人性追问、对道德追问、对实践理性追问：我们的道德选择是基于功效，还是基于责任，抑或基于人自身的德性、情感？对本文道德价值的深入思考，或许可以帮助我们进行关于道德的哲学思考。

道德是一种信念，与生命一体，需要我们去体悟持存——道德面前人人平等。那么，任何一个人的生命都不可以漠视。生命，不能以多数、少数，或者身份、价值来衡量。所以，留下话题与思考，才是这节课的道德力量。

于是，我自问：面对生死考验，能说得清什么才是正确的抉择吗？

[附 课文]

印度洋上生死夜

1998年6月20日，30岁的法国船长皮埃尔携妻子克勒松，来到印度洋上风景如画的马斯科林群岛度假。第二天傍晚，他们租了一条高速快艇，向一望无际的海洋驶去。

突然，他们的艇底被一个东西"咚"地撞了一下，站在船上的克勒松猝不及防，一下子摔入水中。水底闪现了一道蓝光，借着亮光，皮埃尔看到了一条巨大的章鱼，正用它那八条长长的腕将克勒松死死缠住。皮埃尔立即用最快的速度从大章鱼那里夺回了已经昏迷的克勒松。

克勒松渐渐苏醒了，可是伤口还在不断地出血。现在惟一的办法是迅速返回港口。正在这时，皮埃尔看见水面下又闪出一道橙色的光。他突然意识到，海底将发生地震或火山喷发！

"我们应该立即离开这儿。"想到这儿，他立即将快艇加速，在海上飞驰。可另一个念头又冲入他的脑海："不，我不能走！现在我可能是世界上惟一确切知晓这场海难即将发生的人。我有责任向来往船只通报这一信息。"可是，他们租借的这条小艇上没有无线电通讯系统。

皮埃尔看了看手表，根据他的经验，30分钟后将有一艘豪华客轮经过此地。为了避免一场超级海难，他调转方向，又回到了出事地点。20分钟后船来了。皮埃尔站在小艇上，拿出手电筒，不停地打出这样的灯语——"这里即将发生海啸，请立即改变航线。"此时，克勒松的手脚不住地抽搐，嘴里吐出大团大团的白色泡沫。皮埃尔的心也在抽搐，他知道，这很可能是生命力即将耗尽的信号。"该死的船，快停下！快停下！"他一边打灯语，一边声嘶力竭地呼喊。轮船仍然在行驶。皮埃尔几乎急得要发疯了：天哪，难道克勒松的血白流了？难道我们俩将白白付出生命的代价？正在这时，他突然发现灯光移近的速度明显减慢了，他知道轮船已经收到了信号。

最多只有两分钟吧，皮埃尔的眼睛闪亮了：他看到了这团灯光转了一个大弯。这时海底又闪过一道红光，皮埃尔伸手一摸海水，比刚才更热了！他确信，一场天崩地裂在须臾间就会发生。其实，他完全可以打这样的灯语：请救救我们！可是，他没有这样做。因为他知道，在这一海域，海啸随时都会发生。他抱住了克勒松，发现她的躯体已经冰凉。此时，他反而变得分外平静，只是在亡妻的耳朵边轻轻地说话："亲爱的，原谅我……"突然，他看到有一些彩色的光点从游船上升起，迅速向他飞来。他惊愕地睁大眼睛。在这一瞬间他明白了，这条超级豪华游轮上有直升机！直升机很快飞到了他们的头上。机上放下绳梯，皮埃尔奋力抱起克勒松，在机组人员的帮助下，攀上了机舱。飞速升高的直升机刚刚离开水面30米，一道道巨大的波浪突然涌起。浪花溅在机身上，发出"哗哗"声响。

第二天上午，皮埃尔醒来时，发现自己躺在医院的病床上。他急急要来一张报纸，仔细读着这样一条最新消息：昨天晚上11时57分，在圣但尼港东南约75海里处发生了里氏5.2级地震，地震引起了海啸。所幸的是没有发生船只损坏和人员伤亡。"谢天谢地，"皮埃尔自言自语，"克勒松，现在你可以安息了……"

19. 加强语言的规范化和"语文化"

——有感于几节语文课上教师的语言

语言,是教师安身立命的根本。任何学科的教学,教师和学生之间沟通的纽带都是由语言编织的。苏霍姆林斯基曾深刻地指出:"教师高度的语言修养是合理地利用时间的重要条件,在极大的程度上决定着学生在课堂上脑力劳动的效率。"

语文学科的教师更要规范、熟练、巧妙地驾驭语言。

语言的规范化

君不见,一所学校有几位语文教师能写出一手漂亮的字,能写出一篇漂亮的文章?又有几位能口若悬河,舌灿莲花?

我发现了一个现象——在有些学校,不能做音乐教师的,可以安排他教数学或者语文。这不是因为他能够胜任数学或语文教学,而是因为人们普遍认为,语文、数学谁都会一点,尤其是语文,不就是教学生识几个字嘛,能说普通话,好像就能教语文。而且,有的教师组织能力较强,比较适合做班主任,就安排他当语文教师(因为大多数语文教师都是班主任)。这样就促使语文课很多时候变成了班会课。在平常琐碎的日子里,语文教师的语言成了没完没了的教化语言,严重的话,给学生的感觉就像"婆婆妈妈"的训斥。"语文"本身的语言消失殆尽。

我还发现一些现象:即便要求教师运用全国通行的标准普通话,有的教师还是将方言、土语、口头禅等带进课堂。语文教师要明确，自己首先是一个学科教师，在此前提下，要做到表达的准确简练、通俗易懂。可很多教师以为自己已经掌握了普通话，平时不注意口头语言的规范性和艺术性，养成了重复啰唆的语言习惯。

前几天学校举行说课比赛，有些语文教师在说课过程中的过渡词总是"那么"，15分钟的说课，有人竟然用了42次"那么"。在平时听课的过程中，听到有个教师一节课一共用了三十多次"怎么啦"。还有的教师课堂对话时，总是没完没了地问"对不对"。如果再加上语调非常平淡，这些过多的不规范的口头用语，长期"浸泡"在儿童的耳朵里，会造成怎样的后果呢？

因此，语文教师，首先要解决语言规范的问题。要好好修炼，平时和学生对话，甚至和周围其他人交流时，用词一定要正确，语言一定要规范。如果在此基础上还能够生动感人，那当然更好。

语言的语文化

为什么要求语文教师的语言要"语文"？很简单，因为你是语文教师，所以你要以语文的方式去表达。

教学内容，是否"语文"，相关论述很多，笔者也写过一篇文章——《以语文的方式教语文》，这里不再赘述。然而，教师的导语、过渡语、评价语、结语等"链条语"是否语文，却不被关注。

下面仅就课堂上评价语言的语文化来谈谈自己的看法。

语文教师不同于其他教师，他的评价语言也要具有"语文性"。

多少年来，我们不知多少次用过"你真棒"，这样简简单单的一句评语，使学生信心大增；也不知用过多少次"你读得真好"、"你的回答太好了"，这样的话语，不知鼓励和激发了多少学生的学习激情。当时不觉得有什么问题，可是，随着实践的深入，我发现，这些语言犹如菜汤上的浮油，并没有真正营养学生。后来读到一位教师批评我好多年前的"激励法"的文章，禁不住会心一笑。

这些语言,从心理的角度来看,没有错!可是,从语文学习的立场来讲,效果就会大打折扣。如果将"你读得真好",根据当时的情境换成"你读得字正腔圆"、"你读得声情并茂"或"你读得优美动听",那么,既能激励学生,又用语文的方式让学生具体感受到自己究竟"好"在哪里,并积累词语。

再比如"你回答得太好了",在中年级的课堂上,这句话应该具体为"你用一句话来概括,很准确",或者"你刚才用了一个比喻句,很恰当",或者"你用了三句话,构成了一段话,句与句之间的联系很紧密"。这样依据学生年龄特点、学段特点,用语文的要素评价学生的过程,就是语文学习的过程,它既是客观的评价,又进一步强化了中年段语文的训练点。

2009年底,我收到广西河池学院教师教育学院语文教法老师韦芳的来信。韦老师是《小学语文教师》的忠实读者,从1995年自费订阅至今。在这本杂志中,她读到过我的《秋天的怀念》、《圆明园的毁灭》、《牛郎织女》、《珍珠鸟》、《游园不值》等课堂教学实录,以及我对《卖火柴的小女孩》的文本细读,当然还有《小学语文教师》报道的我的教学艺术专辑。她说,她把我的那些课堂教学实录,都复印一份给每个班的学习委员,让他们自己再去复印,人手一份。

除了对我的主题教学的特色,以及课堂教学所呈现的深度的肯定,韦老师重点表达了她对我的语文课上的评价语言的语文味的敬意与惊喜。不过,她也批评了我的某些课堂点评语不到位,很糟糕:

> 很遗憾,点评语,有很多是做作的、言过其实的。比如学生回答问题其实不怎么样时,老师说"哇塞,你读得比我好耶";"我崇拜你,我好欣赏你耶";"好纯的孩子,真聪明,美得像公主,多舒服呀。真动听";"有一个词读得不好。不过,你长得漂亮,回答问题一定也漂亮";"你帅呆了,你回答的问题一定也帅呆了"。太多了,我都记不下了。听着简直太不舒服了。
>
> 赏识你的学生,不是不可以。不过,最好不要言过其实,而要恰如其分。将回答问题与学生的个人相貌联系起来,而不是与他们

开动脑筋,积极思考联系起来,是不妥的。

看来,问题还是比较严重。不怪教师,而怪当年课改太过强调"教学方式与形式",过于注重对儿童的激发与鼓励,忽略了学科本身应有的属性。

感谢韦老师对我的评价语的赏识,感谢她在信中对年轻人的提醒。

以上,仅从"评价语"的角度,谈语文课要时时处处语文化。事实上,教师的课堂语言艺术多种多样,远非上述语言所能包罗。但是,不管怎样,语文教师在教学中运用各类教学语言时,起码应该注意以下三点:

第一,要分清主次,语文性始终起主导作用。

第二,要从学科特点、年级特点、课时特点出发,准确运用语言。

第三,语言表达要自然,真实,能感染人。

语言水平的高低,既体现了语文教师驾驭语言的能力,又体现了一个教师运用语文驾驭课堂的能力。

在教学实践中,不断完善自己的教学语言,达到教学语言的科学性和艺术性的辩证统一,是我们必须修炼的基本功。

20. "专业"与"职业"的思考

——由一节音乐课想到的

平常,动不动就有人问:你是从事什么职业的?你会说:教师。这个时候,你说的"教师"无非是告诉别人你从事的是什么"职业"。现在,大家都在提"专业",那么,"专业"与"职业",两者到底有什么区别?

"专业"是指专门从事某一项工作;"职业"是指所从事的作为主要生活来源的工作。看来,"专业"和"职业"有区别。

我想,绝大多数师范生,最初并没有把自己将来要从事的教师职业当作"专业"去学习。于是,不管自己是否适合做教师,一毕业,就去从事教育职业。但他们自身的"专业"水平往往较低,不能承担起自己的责任。教师不像医生或律师,后者必须先经过一定的专业训练,符合专门化职业的标准,然后才能去做。其实,教师也是一个专门化的"职业"。

在强调"专业"而且还要"化"的今天,当教师们注意到教学方式的改变,探究过如何改变学生的学习方式时,又一个问题呈现在我们面前,这就是教师的"去知识化",即教师自身的学科素养亟待提高的问题。目前,在整个教学管理中,我非常强调教师学科素养的提高。比如,我引领学校的语文教师,通过共读、共教、共写等学习方式,增加自己的专业"底蕴",从而实现"专业化"。

然而,听了一节音乐课后,我又陷入深思:即便具备了一定的专业学科素养，真的就能当好音乐教师吗？

一、对教学目标是否心中有数

看该教师的教案，我知道教学目标有两点：1. 通过听《在钟表店里》、《调皮的小闹钟》，唱《时间像小马车》、《这是什么》，感受音乐所描绘的钟表的形象，体验轻松愉快的音乐情绪，认识时间的宝贵，懂得珍惜时间。2. 主动参与为歌曲伴奏、即兴创编动作、探索生活中的各种音响、创编节奏等音乐实践活动。

按理，第二个目标一定是在第一个目标完成后，才能去完成的。可我听到的目标顺序却颠倒了。

看得出，这堂课要学《这是什么》。这是一首儿童歌曲，2/4 拍，五声宫调式，是四乐句构成的一段体结构。歌曲以谜语为歌词，"会说没有嘴，会走没有腿"，生动形象，富有童趣。那么，是什么发出了"嘀嗒"与"当当"的声音呢？可以启发学生的形象思维，让他们积极动脑思考。

正如教师在教案中所说的那样——歌曲的旋律在有规律的节奏配合下，轻松、跳跃，第一、二乐句形象地描绘出钟表的机械声和报时声；第三乐句是重要的两个小乐句，呈示着两个设问；第四乐句是个扩展的尾句，平稳地落在主音"do"上。然后给人以完整的结束感。然后结合歌词提示学生要有时间观念，并暗示谜底。

了解了这首歌的内容后，怎么学唱这首歌呢？一般说来，教学的层次，是先试唱，再练习；或者先练习，再示范。总之，要根据这个班的音乐基础来选定教法。

可是，这堂课从头至尾都是教师示范下的练唱。可否让学生自己试试？可否分成几个小节，让学生充分练练，然后再让学生单个地把整个乐段试唱下来？这可不是一年级的学生啊，对于这样的练唱，我想是没有问题的。而且，只有学生自己练唱，你才能发现哪几个小节有难度，这样你的指导才能有的放矢。

```
2/4  14  64 | 14  64 | 10  10 | 1  — | 14  64 | 14  64 |
     50  50 | 1  — | 66  46 | 1  — | 66  46 | 1  — |
     1. 1  21 | 65  6 | 44  21 | 6  1 | 1. 6  51 | 4  — ‖
```

以上简谱中最后一行的两个小节的发音，跨度多大啊。教学一定要有梯度，比如，"10　10｜1—｜"和"50　50｜1—｜"等音节可以先唱。然后，再一点一点学习后一个小节的难点。

教师范唱时，没有把这首乐曲中的重点和难点找出来告诉学生。而且，这首歌中的两处"换气"符号是上节课刚刚出现的知识，这堂课正好可以巩固一下，而不能一点儿也不提及。要知道，知识要在前后联系中巩固，要通过不时的"回顾"去掌握。

按理，谱子唱得差不多后，就该试着填歌词了。可教师并没有这样做，而是用小竖笛吹奏歌曲。先是师生对奏——教师吹奏黑颜色，学生吹奏红颜色。然后是男女生对奏、分组对奏。目的是借助小竖笛为学生建立音高。其实，一次次对奏时，"1. 1　21｜"和"1. 6　51｜"的"坎"，还是阻挡着学生顺畅地发音。这两处都是附点音符的难点，教师在教学过程中没有任何提示。我在听课时，分明听到这些地方发音不准，教师却在一次次重复的对奏中，让其"溜"过去了。真遗憾啊！这是因为教师只有音乐的耳朵，却缺乏一双"教育的耳朵"。

我想，对奏之后，接下去该填词了吧。不！接着进行的是"学习用打击乐器为歌曲伴奏"——教师分别教授双响筒、碰钟的打法，以及音色的鉴别方法。可是，谱子还没有砸实，怎么能够伴奏？

我刚参加工作的时候，曾教过音乐。课后，当我凭着所谓的"经验"，对以上环节提出质疑的时候，授课教师说，这样做是为了更好地把旋律练好，以后再填词，唱起来不是更轻松吗？

课改下的音乐课，我不知道像这位教师这样"创新"是否合适。当时我没有彻底否定这样的做法。不过，我有一个疑问——这节课到底是为了练习乐器，还是为了把这首歌唱好。如果是为了练习乐器，那么什么曲子不可以用，而非要用这首歌的曲子？

一堂课下来，关于什么"加入歌词演唱歌曲"以及歌曲处理——轻唱歌词,教师弹琴,学生唱词;什么"重点——'滴答'唱得整齐轻巧,'当当'相对要强,连贯",都成为了"泡影"。

二、教学细节是否体现了"教育"意识

歌曲的调值——这堂课教师是用竖琴定的调。其实,可以直接用听音的方式定调。当各种声音出现时,学生需要判断它们到底是什么调值。此时,学生一定会感到困惑。其实,这是新授课,教师要明确单位时间的有效性。因此,可以根据乐曲来定音,而不能没有固定的音高感。一句话,即使这样的小环节,教师也要考虑教学方式是否合适。

教师的语言——听过好几次该教师的课,每一次我都强调教师的语言要有教育性。虽然已有进步,但还不够抑扬顿挫。也就是说,教师的语言还缺少启发性。音乐教师的语言如果能像他唱的歌那样动听,就好了(该教师的歌唱得棒极了)。且看教师的几次提问:

"每天早上起床时用什么叫?"

"你发现小闹钟有什么特点呢?"

"欣赏完这首有意思的歌曲后,请同学们来猜一猜老师给大家说的谜语吧。"

"同学们想学吗?"

看着这些提问,你可能觉得它们很清晰。可如果你在现场,听教师问的时候,你会感觉他的声音好像没有高低起伏的变化,很平淡,一点儿也没有"引导"或"诱导"性。

对欣赏曲目的把握——《调皮的小闹钟》,是管弦乐。作曲家是美国的安德森。这首音乐很好听。闹钟修好了吗?结尾调音上扬,戛然而止。学生有的说,闹钟停了;有的说,弹簧断了。教师说,作曲家把小闹钟扔了。教师说的没错,可就差一个点睛的词——"调皮"。

要知道,这可是"调皮"的小闹钟!这个小闹钟出了毛病,它走走停停,激发了作曲家的创作灵感,创作了这首漫画式的乐曲,并起了一个幽默而诙谐的描绘性标题。作曲家笔下的小闹钟,似乎厌倦了正确而

呆板的"嘀嗒"声响，别出心裁地试着发出"摩登"的切分节奏，最后陷入"毁坏"的困境。这听起来特好玩。因此，教师一定要把重点落在"调皮"上，而不是"钟坏了"！为了听而听，就起不到真正的"欣赏"作用。

《调皮的小闹钟》与下文有什么关系？也就是说，它与即将要学的《这是什么》这首歌曲有什么联系？我期待着。可惜，教师没有用好"过渡语"，未能把教学环节很好地"串联"起来。

另外，有趣的"欣赏"内容，是对学生审美情趣的培养，有时可以放在前面的环节，有时可以放在后面的环节。那么，这首欣赏曲目到底放在哪个环节比较合适，教者是否从教育学的角度认真想过？

三、教学上的专业是否等同于音乐上的专业

美国卡耐基教育基金会主席曾提出，有七类知识是教师必须具备的：第一是学科知识；第二是一般的教学法知识；第三是关于课程的知识；第四是学科教学的知识；第五是关于学习者特点的知识，也就是关于学生的知识；第六是教育背景的知识；第七是教育目标、目的、价值观和教育哲学的知识。

一个教师至少要具备这七类知识，而其中最核心的应该是学科教学的知识。可以说，并不是所有的教师都是专业化的。大家认为一个大学物理系的毕业生，当然可以到中学去教书，如果到小学去任教就更应该没有问题。其实，大家忽视了教师的"教育专业素质"，包括教育专业知识、教育专业素养、教育创新能力等的重要性。

被我听课的这位教师是中国音乐学院毕业的，他的音乐素质很高，曾参加全国教师基本功大赛，获得过一等奖。这样的人才，能不能当好一名小学音乐教师呢？

很多人都知道这样一件事：20世纪50年代，北京四中有一个数学教师，教得非常不好，课堂秩序很混乱，因此，家长强烈要求把这个教师换掉。这个要求很合理，结果就把他调离了教学岗位。——然而，这个

教师就是陈景润先生。这充分说明了数学家和数学教师是两个职业。数学教师不一定能做数学家，数学家也不一定能当好数学教师。同理，作家不一定能当好语文教师，音乐家也不一定能当好音乐教师。

陈景润在数学研究方面的确是一位天才，是我们国家的骄傲，但是作为数学教师，他的确欠缺教学能力——"教师的专业"。

我想起这位音乐教师参加全国比赛回来后，和我们交流时说，作为教师，不是要当音乐家，而是要当音乐教育家。这种理想多好！但是要实现它，还真有好长一段教育学的路要走。因此，学校有责任关注这类教师的继续教育，要让他们明白，教师的专业不仅仅是指学科专业，还包括教学专业。

另外，不能"顺其自然"，要抓紧提高自己的教师专业水平。否则，就很难成为优秀的教师。曾经，我很严肃地对这位音乐教师说过"教师不是教练"，要加强自身的教学能力，因为教学是"主业"，带乐队是"副业"，音乐教师要面向全体学生进行音乐普及。这位教师非常虚心，也很真诚，他很理解我的语重心长的"批评"。在我评完课后，这位教师写了以下反思：1. 第一节课由于备学生不充分，所以歌词未能按计划加入；2. 试唱乐谱时，关于附点节奏，未能及时对学生进行纠正；3. 没有下发课本，因此加入歌词演唱那部分脱节了；4. 各个环节的链接以及上课流程的连贯还要完善。

因此，我要写下点东西，让这位教师，以及更多"高学历"的教师明白，必须在课堂教学上下工夫。

小学教师，也许不像大学教师那样被人看重，但我们无须觉得低人一等。小学教师虽然大多不是研究生或博士生，但是，当他走进学校，进入儿童世界的时候，他就是在"进修"一部无比奇妙的大书。他不像大学教师那样，面对的是世界观已基本形成，身体和心理发育也基本成熟的成人，可以不用关注学生的心理。他面对的是儿童，儿童每天都在发育，每年都有变化，而且，每一个时代的儿童还有那个时代的印记。他不能一成不变地运用"经验"，因为经验可能会造成对儿童的戕害。

虽然大学教师知识深奥，但我们也有自己独特的专业深度，我们也是有专业尊严的！而且，从生命的最初，以至终了，我们的基础教育对一个人都有着至关重要的影响。我很羡慕西方某些国家对小学教师的重视，甚至他们的待遇和大学教授是一样的。

职业本没有高低之分，只是角色不同。因此，我们一定不要把小学课堂教学当作"小儿科"，不当一回事儿，否则，长此以往，也就没人拿你当回事儿了。

有人强调，未来教师要专业，不能仅仅把职业当成事业，还要把它当作命业。这么多"业"，该如何梳理它们的层次呢？我认为，我们离"事业"与"命业"的距离还比较远。因此，首先要把"专业"和"职业"弄清楚。无论是学科素养缺乏者，还是教育专业素养缺乏者，都必须清楚自己的弱项，抓紧时间弥补，使学科素养和教育专业素养都得到提升。

21. 基于经验的学习从哪里来

——有感于《雪地里的小画家》和《我有一盒彩笔》

看到海淀西苑学区的研究专题——"基于经验的学习",我就在想:什么是基于经验的学习?这个经验是基于学生的,还是基于教师的?或者两者兼而有之?甚至,究竟什么算作"经验"?就个人理解,经验是学习的背景,是可供迁移的知识与技能之和;一个人的经验体系中既有直接经验,又有间接经验。经验无法脱离实践,经验获取的过程,是一个由少到多,逐渐积累的过程。但正如人类改造社会、改造自身的实践经验,常常需要证实,也经常需要证伪一样,学习经验是否也应分为正确的和自以为正确的两类?经验有好也有坏,要甄别经验的真伪,就要不断在过程中总结,去粗取精。巩固正确经验,纠正错误经验,形成发展而又自省的良性循环,让真知灼见浮出水面,既有利于自己,同时也警示他人——我想,我们课题研究的意义,也许就在于此吧。

学生的经验

围绕这个专题,本次研讨活动展示了两节研究课,重点体现的是学生如何基于自己的"经验"来学习。这两节课一节是一年级的,一节是二年级的。低年级学生的学习经验与中、高年级不同,相对而言,他们正规的课堂学习的经验较少,他们的经验更多地体现为一种无意识积累的感性经验。当然,随着儿童年龄的增长,经验获取的理性和有意识性会随之而长。就拿语文来说，要在低年级打下坚实的字词内化的基础；到中年级，则要联系上下文理解句段；到高年级，就要理解篇章，概括主要内容。但低年级的奠基工作依然是有经验可循的。不管如何，基于学生经验的学习，应该注意以下两点：

1. 运用已有经验的学习

儿童不是白纸，是特殊文化的携带者。自从他们受孕那一天起，就有了对于这个世界的"经验"，只是成人无法基于儿童的"视界"准确描述那一时段的"经验"罢了。更何况，这些逐渐成长起来的学习者，是带着家庭、幼儿园，甚至社会的某些"经验"走到学校的。在这个瞬息万变的信息时代，有人说，每隔三年，就有一轮"代沟"，教育者应当能够感受到，每一年新入学儿童的认知水平都是不一样的。因此，面对每一年都不同的儿童，以及每一个不同的儿童个体，我们必须改变课堂教学的方式，这种改变应当先从改变对课堂的认识、对孩子的认知开始，也应当具体体现在课堂的每一个角落。

识记生字——运用已有的识字经验学习生字，二年级的《我有一盒彩笔》一课体现得最为明显。教师书写课题时提问："'盒'和'彩'是这堂课要学的生字，你准备用什么办法记忆它们？"一上课，教师就从学生的经验出发，激发学生学习的兴趣。进入课文的学习后，教师让学生小声读课文，一边读，一边画出不认识的生字，并用学过的方法学会它们，这就是经验的迁移。学习识记生字时，教师提示：如果同桌学习有困难，你就用自己的经验帮助他。学生之间相互借鉴经验也是一种经验学习，多好！另外，在记忆"蓝"、"圆"、"底"、"宝"、"消"、"灭"、"永"这些生字的时候，教师还让学生采用归类法、比较法、联想法、猜谜法等方法记忆字形。这些都是在引导学生运用已有的语文学习的经验学习。

理解词语——在《雪地里的小画家》一课中，教师在帮助学生理解课文中的词语时，也让学生用"拆字法"理解生字，同时还让学生用看图法形象地理解"小鸡的脚印"、"小马的脚印"、"小狗的脚印"。在

《我有一盒彩笔》一课中，有一处亮点——在理解"连绵起伏"的时候，让学生到前面用笔画一画，学生就用上了美术课的绘图法来理解。于是，你看到黑板上，"一座山，连着一座山，此起彼伏"。这是利用其他学科的经验学习。

理解句子——在《雪地里的小画家》一课中，"青蛙为什么没参加，它躲在洞里睡着了"这句话，教师采用拓展句式训练的方式，让学生写出"狗熊为什么没参加，它躲在洞里睡着了"、"刺猬为什么没参加，它躲在洞里睡着了"。这样，学生就利用生活中的知识，发现了这句话背后的意思：原来它们都去"冬眠"啦。《我有一盒彩笔》一课最后在学习"画一个黄色的圆，那是中秋明月挂山头"这句话时，教师引导学生回忆中秋节时全家人在一起过节的情景，把生活经验变成学习资源，最后转化成感情体验。

由此我们发现，对于低年级的识字教学，我们应当基于语文学科本身的特点，注意引导学生迁移识字方法、记字方法、写字方法的已有经验。同时，针对低年级学生的学习活动缺乏目的性、有意性的特点，教师还应当打开思维定式，对一切有利于学生学习的经验加以有效利用。然而，对于这些，教师要基于识字教学的规律，做到心中有数。这样，学生对生字的音形义的掌握就科学有效了。总之，不管高年级还是低年级的课，基于学生的经验，一定要"以学定教，因学而导"。

2. 过程本身也是经验

上面提到的课例，虽然在一定程度上体现出让学生运用已有经验来学习的做法，但这里需要强调的是——无论怎样，低年级的小朋友积存的经验相对于其未来漫长的人生而言，并不多。低年级，乃至整个小学阶段，还是积累经验的过程。也可以说，学生本身就是学习者，更多的应是学习经验，而不是"介绍经验"。因此，这里有一个重要的提醒：学生学习过程本身就是经验。比如在《我有一盒彩笔》一课中，要理解"饥荒"一词。可生活在现今时代的城市里的小朋友，是没有对"饥荒"的体验的。那怎么理解呢？教师出示一系列图片，让孩子们感受世界上还有那么多人吃不饱、穿不暖，在饥寒交迫中挣扎。学生借助图片，间接获得了对"饥荒"的经验理解。这当然是可以的，而且是必要的。

　　在我看来，在小学阶段，也许更宝贵的是体验，即所谓的直接经验。别人告诉你的，和你自己体验到的，终究是不一样的。这就如同掌握了再多的游泳理论，如果不亲自下水试一试，就永远学不会游泳一样。在课堂学习中，学生体验的过程就是获得经验的过程。因此，教师对自己的每一堂课要心中有数，明确规划，明白哪一处应当让学生运用已有的经验学习，哪一处可以强化以往的经验，哪一处可以获得新经验。而这获得新经验的过程应当加入怎样的教育学的含量，才能让学生的体验直指内心，而不是流于形式？这是一个值得思考的问题。

　　当我们认识到低年级教学过程本身就是学习经验的过程时，我们就不会一味地为了体现学生的过去，而忽视了让学生形成当下的经验。比如学习一年级的《雪地里的小画家》时，学生来到学校还不到三个月，此时，他们有多少经验可谈？遗憾的是，教师在设定教学目标的时候似乎没有充分考虑这一点，于是出现了这样的一个目标——"培养学生运用已有的知识经验学习新知识的能力"。与之相对应，在教学过程中初读课文的环节，教师要求学生"想办法认识生字，读准字音"。试问：儿童的办法从哪里来？没有相关的经验，我们的学生怎样才能够"想办法"？

　　写字环节同样存在相似的问题，教师在写"牙"、"几"、"它"、"青"、"成"这几个字时，采用"教"的手段，渗透写字方法。其实这是很好的方法，完全可以大大方方、一笔一画地教好这几个字；或者给它们分类，哪些是独体字，哪些是合体字，根据类别的不同，指导学生先观察，然后再讨论怎么写好。可教师偏偏要像"含羞草"，羞羞答答，欲言又止，好像生怕落下"教"得过多的嫌疑。

　　其实，这个过程就是"教经验"的过程啊。如果这节课上的写字方法能够扎扎实实地落实，待到下一节课，或者以后的更多的识字课，学生不就会运用它们了吗？这难道不是另一种意义上的用经验学习吗？可惜，教师虽讲到了一点，却没有点明是什么方法，让学生说，学生当然说不出个所以然，最后就这么不了了之了。所以，让学生基于经验学习时,教师一定要明白,教的过程本身就是学生获得经验的历程。

教师的经验

1. 教师原有的经验

教师对儿童的学习与发展,具有重要的影响。流淌在教师课堂上的知识储备、教学设计、教育思想,甚至语言、体态、修养……都会潜移默化地影响我们的学生。那么,影响课堂成败的教师原有的经验是什么呢?个人以为,是那些伴随着教师的受教育经历、工作经历、生活阅历而形成的,已经存在于教师头脑中的,对儿童的学习和教师的教学等的基本认识和看法。

一般来说,教师也需要一边成长,一边获得经验。这也是在自己原有经验的基础上建构新经验的过程。我们必须看到,对于教师的学习与发展来说,教师的经验往往是一把"双刃剑":当教师原有的经验符合当下理念,或与新理念趋同时,就会促进教师建构新经验,这对自己的成长和学生的发展,都会起到积极的推动作用。另一方面,当教师原有的经验不太符合儿童的发展,尤其是有些经验过去曾被认可,但现在与新理念已不相符时,这固有的经验,就会成为教师发展、学生成长的桎梏,对它们起消极的阻碍作用。因此,教师必须了解自己原有的经验,同时树立不断学习、及时自省的意识,有效判断已有经验中哪些成分可靠,哪些成分需要改造,进而为寻找适宜的教学经验提供依据。

教师原有的经验,通常有两种表现:一种是教师的言语,通过它表现出来的,往往是教师自己能意识到的经验;另一种是教师的行为,通过它表现出来的除了为自己所意识到的经验之外,还有一些潜意识层面的经验。而后者反映出来的,往往是教师固有的观念。作为独立的个体,教师应当如何判定自己的经验的正误呢?

如果一个教师能对经验的积极成分或消极成分作出独立判断,或者,通过现场观摩、录像分析、找学生反馈等方式来了解,并透过自己的行为的表面,结合自己的言语,分析它们所反映出来的观念,从而找到症结所在，然后再去思考如何转变固有观念，那是再好不过的了。但正所谓"当局者迷"，因此，教师应树立开放的意识，敢于暴露自己，甚至暴露问题，通过座谈、研讨、主题沙龙，以及其他交流方式——借助他人的眼睛来帮助自己认识原有的经验，这无疑也是一条捷径。

2. 关注学生已有的经验

作为教师，即便能够紧跟时代潮流，有正确的经验在握，我们也还要思考：我们是否已经从铺天盖地的教育理论海洋中，取了一瓢注重学生经验的活水，运用于我们的教学？依靠教师的经验，迁移学生已有的经验是否得到有效的运用？运用之后，我们的学生究竟能多获得多少东西？怎样运用教师或学生既有的经验帮助学生实现更高的学习效率？

讲读课，怎样通过学生已有的朗读经验，来实现本课的朗读目标？作文课，如何一手联系学生已有的生活经验，一手擎起学生已掌握的习作方法，穿起本课的教学目标？古诗、古文教学如何借助学生已有的文学积累，实现量之上的质的飞跃？名著导读课，如何通过教师的引领，实现学生已有的对于某一名著的视野期待，并有所创新。那么，如何实现上述一系列教学可能？我想，学生的学习方式，即学生如何提取经验、运用经验、呈现经验，是问题的关键。

学生个体的差异性是必然的，因此，不可能有完美无缺、一成不变的教学方式，那么，什么样的教学方式才是合适的？我想，最好的教学方式就是学生发自内心想去参与的方式——自主探究。学生只要乐于学习、主动学习，就一定会获得最好的学习成果。学生只要感兴趣，就会在有意义的环境中作自发的努力。

儿童的学习，是主体自主的学习和建构性的学习，是以问题为中心的行动学习和真实情境中的学习，是基于经验的研究性学习和反思性学习。因此，教师务必改变以传授经验为主的教学，让学生在自身实践的基础上，通过实际操作和体验来提高解决实际问题的能力。在很多情况下，学生已经有储备了，这个时候，要变"直接告诉"为"自学自悟"，让学生针对自己的问题与困惑主动思考，激发认知冲突，进而实现建构新经验的高层次学习。另外，还要变任务式的学习，为过程与研究式的学习，使学生能有机会印证和运用经验，让经验成为起点和助跑器。

说句心里话，写下上面这段话时，自己也问心有愧，因为对教师而言，这的确要求过高了。但我想，唯有如此直言不讳，方能给教师以豁然洞开的提醒与警示。比如《我有一盒彩笔》一课，好多地方运用经验的学习做得很好，可遗憾的是，教师没有将其一以贯之。在最后指导学生书写生字的环节，教师抢占了本应由学生占据的位置——"写这个字的时候，要注意什么"。虽然这么问了，却没有让学生回答，而是一边写，一边强调："彩，左边的'采'字做偏旁，最后一笔是点，右边的三撇要写在一条线上。"还有"底"这个生字，它是半包围结构，怎么才能摆好这个字的结构呢？教师没有让学生好好观察该字在田字格中的位置，而是"越俎代庖"，直接示范，因此，学生自然就成了课堂的观众，而不是主角。看来，基于经验的学习过程，应该渗透在教师日常的教育教学，甚至每一节课的每一个环节中。而这渗透有赖于教师对于学生已有经验的先知先觉，有赖于教师把运用已有经验进行体验的主动权交给他们。

教师每天面对的都是一个个生动活泼、充满生命力的儿童，这就决定了教育实践本身就是一个创造的过程，而要创造，就需要科学而有效的经验。其中必不可少的，就是教师的主体参与和主动积累经验的过程。这虽然艰难，但也要努力探索。

教学引领者的经验

通常，教学引领者都是从教师队伍中提拔起来的教学骨干。凭着多年的"威信"，其积累的经验越来越固化，时间一长，有些不合时宜的经验就会显得很顽固。因此，教学引领者在发扬自己的优势的时候，也要和教师一起成长，对自己的经验加以客观的判断。

首先，要深入班级。多多注重与教师的日常互动，从中发现教学管理中的关键问题。经常深入班级听课，而不仅仅是听观摩课，以便观察学生在常态下的表现，倾听学生的心声和需要，了解学生原有的经验、实际需要和困惑问题。这样，就能对教师的教学"把脉"，帮助教师挖掘好的想法和做法，分析和梳理教师在专业化发展方面存在的主要问题。进而从诸多问题中，筛选出影响教育质量的关键问题，并且与教师共同设计出下一步研究方案。

其次，倡导研究性实践。要鼓励教师表达自己的真实想法、切身感受和可行性建议。围绕"基于经验的学习"，帮助教师从不同切入点开展研究，以期能从本班实际出发，调动教师原有的经验，抓住其原有经验与新理念之间的认知冲突，在真实的问题情境中，激发教师对关键问题的思考和由内而外的研究动机。要为教师提供深入思考和实践的时间与空间，鼓励他们在行动中大胆尝试各种不同的解决办法，并用新理念反观自身的教育行为，不断积累新的经验。同时，引导教师不断地体验研究的价值，逐渐实现由外在理念向自身观念的转化。

再次，倡导反复诊断。在教师的个人实践进行了一段时间之后，要鼓励教师通过自荐和集体研讨，交流困惑并分享各自的感受与收获。教学引领者则汇总大家的感受与体会，进行梳理和提升后，指导教师再一次实践，将评课会诊开出的"药方"运用到自己的教学实践中，进行验证和完善。这里要提醒的是，研讨交流中，不应仅仅注重引领者一人的声音，更要注重集思广益——让大家畅所欲言。这样，就能围绕教师在实践中的新困惑、新问题和新想法深入讨论，共同诊断出问题背后所隐藏的深层原因，从而形成真正的学习与研究共同体。

最后，寻求专业引领。在遇到集体会诊仍解决不了的问题时，邀请专业研究人员与教师共同研讨，鼓励教师向专业研究人员大胆说出自己的想法与困惑，请求其结合实践帮助诊断和分析，提出指导性建议。还要指导教师思考——专家是从哪个角度来分析这个问题的，他们为什么要提这样的建议，等等，以期从更高的视角和更深的层面来加深对问题的理解。然后，教学引领者带领教师，再回到实践中，进行新的验证和尝试，不断地改进教育实践，不断地获得真正的经验，最终形成智慧。

不管怎样，教学引领者要凭借"运用经验的经验"达到目的，重在强调教学研究与日常教育实践的结合。通过教研，解决教师日常工作中的实际问题。教学引领者要减少"急功近利"的心理,树立"为了教师发展"的观念,围绕"如何更好地给教师提供支持"来思考,调整自己在与教师互动过程中的角色和策略。

总之,"基于经验的学习"的研究,内涵太丰富了,涉及教育要素的方方面面,这里的只言片语恐怕只能起到抛砖引玉的作用。但写下这些的时候,我却分明感到,自己梳理的过程正是积累教学经验,甚至管理经验的过程。

我还发现,随着研究的逐渐深入,学区的专题教研方式正在发生着可喜的变化——不仅途径越来越多,而且形式越来越灵活多样。这次讨论会,不仅讲课者参与讨论,专家参与点评,还有很多主动倾听者。看来,你的认识是否深刻,表达是否流畅,都不重要,重要的是,凭借这样的研究内容与研究形式,大家的心贴得更近了,思想更加开放了。这样的讨论,太贴近教师们的实践和实际需要了,给教师们的启示太多了。

22. 比赛，要赢的是自己

——有感于听到的几次赛课

不知从什么时候起，人类有了比赛。体育的比赛，美育的竞赛，智力的比赛……不一而足。后来，教育行业的各类比赛也频频出现，比如师生演讲比赛、作文比赛、书法比赛，等等，它们起到了应有的激励作用。

那么教师的课堂教学大赛呢？

我在专业成长历程中，参加过多种类型、各种级别的教学比赛，比如基本功、说课、教学比赛。不说学校里的，也不说市里、省里的，单是国家级的教学比赛，就参加过两次：一次是1995年，参加中央教科所举办的全国教学比赛，获一等奖，并产生轰动效应；一次是1997年，参加全国小语会青年教师教学观摩比赛，获一等奖，并获得好评。

参加比赛，尤其是国家级的比赛时，压力大自不必说，心情也一定很紧张。犹记得参加全国小语会青年教师教学观摩比赛的时候，黄诚校长说，这次去，一定要拿一等奖，你代表的是学校，不，你代表的是吉林省。听到这些话，我自然紧张起来。不过，结果很好，每一次比赛，我都还很争气。在比赛中，悲伤或平静都没有体验过——只在胜利中啜饮喜悦。

这里，我要感谢比赛带给我的好处。可以说，通过各种评比获得的资本，是我一步步成为全国著名特级教师的助跑器。

这些年来，我的角色变了，做了学校教学管理者。作为语文团队的主要引领人，我经常带领老师们参加学校、区里、市里，甚至国家级别的比赛。虽然不是我自己参加比赛，可是，说心里话，我的压力不亚于自己参加比赛时候的。这时，我终于理解了当年校长以及其他领导对我的嘱托和厚望。

我感觉，现在比赛的性质比以前复杂了。按理，常胜将军的我，带领团队参加比赛应该会独占鳌头，可事实并非如此。有意思的是，团队中的选手有的时候能够获胜，有的时候却没有什么成绩。有时候，你觉得肯定能够获胜，但最终却连入围的资格都没有拿到。赛后，参加比赛的教师难免会找我交换意见——"为什么我没有被选上"、"这里一定有问题……"，等等。

有时，我也烦，心想，谁让你参加的呢？你有能耐，就别参加啊！可细细一想，你又不能不参加，毕竟你个体的力量还没有大到足够让你可以"为命运做主"。凡是存在的，就是合理的。任何比赛，都是一种选拔和测查。我们需要学会用平常心来面对并接受挑战，所谓"愿赌服输"。

但是为什么有的人一"输"，心情就不好呢？原因有很多，其中一个重要的原因，是"不服"，比如，有时比赛选手对比赛结果不认同并质疑。

有什么不服的呢？比赛，是有规则的啊。"说课"没有标准吗？教学比赛没有标准吗？有。但深入一思考，"上帝就发笑"。这些标准是否合理？它们的依据是什么？

当今，教研的系统评价标准还不够完备。课堂教学不像体育技能比赛，刘翔跑得有多快，是看得见，测得出的。而教学过程的不可测性，决定了比赛评定的模糊性，所谓"仁者见仁，智者见智"的现象是普遍存在的。

受中国传统文化的影响，中国人注重感觉，缺乏理性。也就是说，中国人具有特别发达的综合领悟能力，而缺乏分析作基础，一般依靠直觉领悟。如果说中国人聪明，那么就聪明在这里。然而，感觉模糊，理性精准；感觉飘忽，理性深邃……顾准是一位杰出的现代经济学家和哲学家，在《顾准文集》中，他一再慨叹中国人太聪明，太善于综合，是

"先天的辩证法家",因而不肯像希腊人那样花大力气,下"笨工夫",对事物分门别类加以分析,深钻细研,因而不能发展出科学来——这真是一针见血之论。

恕我直言,手里明明有说课或教学比赛的标准,但大多数评委根本不细细研究,听课的时候也不一定按照标准考量(当然,也许"标准"不值得参考,对此另当别论)。我也经常当评委,很多时候就是凭着整体判断打分的。

当出台的是没有顾及不同的学情、不同的文本、不同的体裁、不同年段的特点的空泛标准的时候;当"情理"的"情"字在先的时候,评委们就会自然而然地凭感觉判断,这是非常可怕的。

我自问:当自己拿着笔给选手打分的时候,是否想过分数中有着怎样的尺码、气度和宽度?是否已经心中有数?有没有私欲?有没有良心的谴责?如果你的心里没有一定的规则,那么你的评价对一个选手来说是多么大的罪过!有没有想过,有时候草率地评价、打分,会造成教师一生的不公平?

影响比赛结果的不仅有比赛的标准问题和评委打分的感觉问题,有时候还有偶然因素。

有一次,我担任学区说课比赛评委,分组轮到我用计算器加分时,把我们学校的一名选手的分数给加多了不少,而将另外一所学校的一名选手的分数给加少了。当发现了错误时,我觉得很难为情。当时即使没人监督,想必我也不可能大胆到故意弄错,难道我有私心,希望自己学校的教师都能入选?有,潜意识里一定有。可入选是需要凭真本事的。好在那个被我多加了分的教师,去掉多加的分数后,依然能够入选。不过,我还是要为自己计算时不够认真而忏悔。如果比赛结果因为我的马虎而弄错了的话,那么问题就会很严重,我也将无法坦然!

影响比赛结果的偶然因素,不仅有计算的失误,有时候还涉及评委的评价。十多年前,我代表吉林省参加"全国中小学十杰教师"评选。那时,年轻的我在全国已经小有名气。可是在评选过程中,一位专家对我参加的两次教学比赛(一次是全国小语会青年教师教学观摩比赛,一次是中央教科所举办的全国教学比赛）提出了质疑，还给出了这个典型过于年轻，靠不住等评价……最终，我因评分差一点点而落选了。当时，我在宾馆躺了一整天，没有吃饭，浑身就像被针扎了一样。

我知道有不少选手不能接受比赛结果的打击。我写下自己的经历，就是要说明，比赛中有很多变数。你又何必在意比赛的结果呢？

可以说，清晰的脚印，总是印在泥泞的路上。现在，我越来越感激当初对我的评比"拦了一下"的那位长者。自己真的不够杰出，干吗要当那个杰出教师？在此之前，我以为胜券在握，过于得意了。然而，要努力学习的空间太大了，比起那些做得比自己更出色，年龄比自己大，比自己更默默无闻的人来，我已经够幸福、够幸运了。

给自己留一些反思的余地吧。要告诉自己，你的力量还不够，还应该更加踏实地走好脚下的路。从获得的荣誉以及比赛的情况来看，现在，我再也没有在吉林的时候那么"幸运"了。然而，通过这十多年的积攒，我所取得的成绩比以往更结实，更厚重。教师们尊重我，并不是因为我比赛时的优秀，而是因为平时和他们在一起摸爬滚打时显示出的功夫。

因此，我要告诉自己，也要告诉年轻人，人生就是一场比赛。胜负并不那么明显，也不那么重要，重要的是你心中要有一条属于自己的跑道。可以说，在学校，甚至在上级眼里，比赛提供的应该是一个交流互动的平台。通过比赛，教师、学生可以清楚地看到自己的优势和劣势，认识到"天外有天，人外有人"，从而扬己之长，补己之短。对于教师、学生的长远发展来说，这才是最有意义、最为实际的。生活不会让你永远背运。请相信岁月，只要你能放下失败，将来就一定会成功。

要告诉自己，也告诉年轻人，比赛就是游戏。一场游戏一场梦。梦醒后，拍拍脑袋瓜，想一想，你将走向哪里，你最在意的是什么。在游戏结束后，最重要的是，回到你的家人之中，回到你的学生中间，过一种最平实的生活。一句话，考察我们教师，还是要看你和学生们在一起时的状态。

如果说，当年参加比赛时我获得了一等奖只不过是一种侥幸的胜出，那么，和我一起参加比赛的其他三十多位各省市的教师，就那么心安理得地"服输"了吗？一等奖的人数设置得是不是太少了？

　　比赛获奖的确能给你带来一定的荣誉，但参赛教师们比赛结束后回到学校，不是依然要上课，要批改作业吗？在全国小语界脱颖而出的又有几个呢？

　　世界上有阴阳、上下、高低两极，与赢相对的一面自然是"输"，比赛时失败了原本就是正常的。比赛不外乎是一场游戏或者"狂欢"，它并不是生活的本身。我们每天所面对的日子，才是生活。

　　因此，不要把比赛看得太重。世界上没有绝对的高大与渺小，也没有绝对的输与赢。

　　如果说人生是一场比赛，那么，最重要的对手，就是你自己。比赛，要赢的是自己。

　　读到这儿，我想，参加过比赛的老师们，你们的心，释然了吧。

附1　课文·语文·课程

——我教学历程中的几个关键词

回顾自己从事语文教育二十多年的经历,我可以用三个阶段来概括:先是课文,再是语文,而后是课程。这几个阶段,既是教育改革、教育发展的方向,也是语文教育的具体发展过程,当然也是我这样一个普通教师立足课堂走过的漫漫历程。

一、课文

我上小学的时候,是上个世纪70年代,手里唯一的"语文"就是课本。那时候,"读书无用论"弥漫整个社会,而且政治性贯穿整本教材。记得一年级第一课是《毛主席万岁》,第二课是《我爱北京天安门》,第三课是《千万不要忘记阶级斗争》,第八课是《吃水不忘挖井人》;二年级有《我们也要当红军》、《我们的朋友遍天下》;三年级有《八角楼上》;四年级有《一条军毯》;五年级有《朱德的扁担》、《十里长街送总理》……

语文课文的政治化,使得语文课变成了政治课。从统编教材、教学大纲这些沿用至今的词语,也可以看出语文课文的高高在上的权威性。

语文教育界的"拨乱反正"开始于1978年,吕叔湘批评语文教学"少、慢、差、费",这才让语文教学这头睡狮猛醒,开始摆脱混乱,走上正轨,进入恢复与调整时期。所谓恢复,一方面是指语文教学摆脱了种种外在干扰，得以重新回归本位；一方面是指语文教学吸取了新中国成立以来语文教学改革的经验，并使之进一步发展。所谓调整，是指在新的社会背景下，人们对语文教学的认识有了新的变化，对语文教学提出了新的要求和新的任务。

我正式成为语文教师，是在上个世纪80年代末——那时正是"调整时期"。语文尤其强调特殊的育人功能，这个功能主要是指政治思想教育，这在我刚刚教语文课时，就被"灌输"在脑子里。可见，"课文"这种思想的顽固影响依然存在。

当时我们的研究专题是"语文学科如何渗透德育"。1992年春天，吉林省教育学院在吉林市召开这一专题研究现场会。学校推荐我讲《王二小》这一课。经过近一个月的准备，我在课堂上和孩子们借助语言文字，感受了王二小的机智勇敢后，进一步创设情境，在《歌唱二小放牛郎》的悲壮忧伤的音乐中，我深情地告诉同学们：王二小被日本鬼子用刺刀穿过胸膛，挑起来，摔死在大石头上，鲜血洒满草地，秋风为他哀鸣，小鸟为他哭泣，我们的王二小再也不能和小伙伴们一边放牛，一边给八路军放哨了，再也不能和爸爸妈妈生活在一起了，更不能看看被他救起的那几百位乡亲们了！

孩子们看着幻灯片中躺在草地上的王二小，听着我的诉说，仿佛置身于现场，不由得哭出声来，有的学生甚至捶胸跺脚，痛骂日本侵略者。尽管下课铃声响了，可学生们依然沉浸在巨大的悲痛中。听课的教师们也都被感动得流下了热泪。

那节语文课因哭声、因眼泪，取得了学科德育渗透的巨大成功！我也因该课的轰动，开始小有名气。现在想想，有些地方并非因课文本身的"语文"而触动了学生，而是教师"外加上去的"。语文课的思想政治性已经掩盖了一切。

二、语文

1992年颁布实行的《九年义务教育全日制小学语文教学大纲（试

用)》，认真反思并总结了新中国成立后，特别是改革开放以来小学语文教学改革的成功经验，明确提出要"端正教学思想，改进教学方法，提高教学质量"，使语文教学从原先对"思想政治"的关注，改进为"大面积提高语文教学质量"的诉求。

要提高教学质量，就需要好好剖析"语文"两个字。也就是说，语文课必须回到"语文"本身。于是，为了体现"语文"，那个时候，我们的语文课变成了"语言训练课"。其间，我曾上过典型的语言训练的公开课，比如《小蝌蚪找妈妈》、《初冬》、《可爱的草塘》等，这些公开课在当时当地很有影响。我还应邀到武汉，给那里的教师们做示范引领课，讲了《小蝌蚪找妈妈》一课；《初冬》一课曾在全国小学语文阅读观摩教学比赛中荣获一等奖，而后，我的名字开始走向全国。

这里，我想插入一段说明——以白话文为目标语的现代语文科诞生于20世纪20年代，1949年以前中学的相关课程称"国文"，小学称"国语"。新中国成立前夕，当时的华北人民政府集中当时的一批专家学者成立了教科书编审委员会，经慎重研究，将中小学课程名称统一改为"语文"。据时任教科书编审委员会主任的叶圣陶先生回忆："彼时同人之意，以为口头为'语'，书面为'文'，文本于语，不可偏指，故合称之。"语文科名称的确定，透露出当时专家学者对这门课程任务的共识，就是培养学生的"口头语言"和"书面语言"。其实，"语文"这一概念的提出是有一定的历史背景的，当时，"扫除文盲，普及识字"成了当务之急——要让所有的人都学习语文，让语文成为不仅是读书人，更是所有人生活必需的工具。

我的那些"与时俱进"的"语文训练"公开课，正是这种拨乱反正下的"回归"。但语文又不仅仅是"语文"本身。语文的根本在"语"，也在"文"。这里的"文"也不仅仅是指文字。随着认识的深入，我发现，语文教学的过程实际上就是教师引领学生潜入文本，品味、咀嚼、涵泳文字，与编者对话，与课文的作者对话，与课文的主人公对话，实现学生个体与文本内涵精神共鸣的过程。

带着这些思考，我从1994年开始执教一个一年级的班，到这个班升入三年级的时候，我开始有了很大的转变。等他们升到四到六年级时我已经不仅仅在教"语文"，还提出了"三个超越"的观点。"超越教材"强调"在教好教材的基础上用教材教"。一是从量的角度拓展阅读内容；二是力图从质的角度提高阅读品位；三是连点成线、布线成网，构建学生人文素养的基础。"超越课堂"强调"课堂小天地，天地大课堂"。一是强调语文即生活，加强语文与生活的联系，开拓学生语文学习的领域；二是扩大学生的精神视野，触及学生的心灵，进而培养学生对人类的悲悯和对生命的敬畏。"超越教师"强调教师要"和学生一起幸福成长"。一是教师要自我超越，成为不断学习、不断创新的人；二是引导学生超越教师，在教师的指导和帮助下，学会质疑和批判。

这个班毕业时，也就是2000年。当时，由于我的语文教学成绩斐然，吉林省教育厅和教育学院联合为我召开了"窦桂梅语文教学成果展示会"，并号召全省中小学教师向我学习。成绩的取得，得益于我的师傅张翼健、吉林省教育学院小教部主任赵士英，以及学校领导、专家们的帮助与指导。当然，也来自1997年的"语文批判与争鸣"带给我的自信。那一年，全国从《北京文学》开始，开展了对语文教学的大批判。当时读到许多争鸣的文章，让我受益匪浅，在吸纳和矫正中，我更加坚定了自己的实验的步伐。我还应邀参加了国家教育部举行的"二十世纪末语文的回顾与展望"的研讨会。当时相继出版了《为生命奠基——语文教改的三个超越》、《和学生一起成长》两本专著，以及《爱与爱的交流——窦桂梅学生作文选》。2001年，作为教育部更新教育报告团成员，我在人民大会堂作了《为生命奠基》的专题发言，获得了巨大的反响。这一时期，"三个超越"成了教师们对我的认识。

三、课程

"三个超越"理念毕竟是个体的。由于语文学科不同于数学等学科，不是"事实性"学科，其最明显的特点是模糊，所以语文教学的经验大多是个人化的，很多时候，语文教学的观点是"各说各话"，没有形成一套比较科学的知识体系。很多教师拿到教材（目前有些教材没有明确的知识体系）后，不知道应该在不同的学段，面对不同的体裁，在不同的课时中"教什么"。因此，这几年的课改中教师们研究的"怎么教"，无论取得了多大的成绩，都是无源之水、无本之木。相反，大家普遍觉得师生的语文素养在下降。

新世纪颁布的《全日制义务教育语文课程标准（实验稿）》明确指出，"语文素养"取代"语文能力"、"语文素质"，成了语文课程与教学的核心理念。与此相应，人文性、语文实践、开拓语文课程资源、语文综合性学习也渐次成为语文课程与教学的热点话语。

作为一名特级教师以及学校语文教学的引领者，我该怎样透过个体风格与经验，沉淀出能够引领普通教师的教学结构或理论，从而上升到国家课程标准提出的层面？2002年正式调入北京后，通过系统阅读统整课程理论，借鉴比较文学中母题研究的方法，经过实践尝试，我开始构建"主题教学"的课程体系。

2004年，我在《人民教育》上发表的《创造生命的课堂——主题教学的思考与实践》一文涉及主题教学中"主题"的边界，主题教学的内涵、层次与基本操作模式，以及下一步研究的方向等基本理论问题。之后几年，又进一步完善了"主题教学"的理论依据、主题的选取与界定的方法以及课程的设置等问题。通过一个个具体的课例研究，实现了主题教学的重大突破与飞跃。获得的与主题教学相关的奖项有海淀区创新成果、课题研究成果奖，以及北京市教育教学成果专项奖。目前，主题教学的实践成果已在全国产生了广泛的影响。

教育部师范司与北京师范大学出版社联合出版了"教育家成长丛书"，其中就有《窦桂梅与主题教学》。《中国教育报》七次报道了我的主题教学的思想及经验。可以说，这个阶段是我的思考与实践较为成熟和深入的阶段，下面从以下几点作概要说明：

1. 主题教学的确定与界定

主题教学的"主题"属于生命价值观范畴，指向人的精神生命成长。

教育，从本质上来说，就是人的自我发现和精神成长。基于以文选为主要形式的语文教材体系，主题教学立足于文本之中，从文本中挖掘出促进精神生命成长的有价值的核心"主词"，即主题。这里的主题不是一个简单的词语，而是与生命体验有关，与精神成长有关，与生命意义的丰富有关。由此看来，主题不同于某些以"主题单元"编辑的教材中类似的话题——它们仅从内容上加以归类，而忽视对于文本内核的把握和精神生命的关注。当然，也不等同于以往所说的思想教育主题、知识主题、写作主题等。主题教学，不是从教师的角度提出或以教育学手段为核心的理论、理念。一句话，主题教学，坚持以儿童的生命价值为取向，指向人内在的精神生命的成长。

在呈现方式上，"主题"表现为语词

我们遇到一篇课文时，不可能从头至尾，读到一个词就学习一个词，读到一句话就学习一句话，进行"平推式"的学习。很多时候，儿童看似学了一堆词语，但它们没有沉淀，没有生长，仿佛一堆散乱的沙子。它们仅仅是一种工具，渐渐地就会在程式化的使用中死去。语言是寄托意义的符号，而主题借助语义场的支撑，能将这些符号"挈领而顿，万毛皆顺"。

充当主题的这些语词，因有丰富的内涵和意蕴，加之教学的层次性着力使之内涵逐渐丰富，留在儿童心中的就不仅仅是一枚果实，而是一粒种子。随着年龄的增长，主题就逐步把人的生命与精神引向高处。也许，针对某个教学文本，我们只需重点抓住其中某个主题，并借此培养学生对语言的敏感，以及与生命情感链接的能力。主题教学，就是希望让这种"语词即情感"的敏感力，在儿童的母语学习中，能够潜移默化地生成。

在文本内容上，"主题"不完全等同于文眼

中国自古讲究"纲举目张"，古人做文章讲"题题"，也就是说，做文章要设计文眼。一般情况下，题目就是文眼，随性而作的百味杂陈就叫作"无题"。文眼最能涵盖内容，揭示主旨，升华意境，所以"主题"常常和文眼相关。比如我教学《秋天的怀念》时，引领学生感受"母亲的'好好儿活'"、"作者的'好好儿活'",整堂课,所有的语言文字中的复杂情感、人生取向都聚焦在"好好儿活"这个词语上。学生们发现,"好好儿活"既是母亲最大的生命期盼,也是子女收获的最宝贵的人生礼物。最简单的几个字,却是全文的核心意象,它代表着母亲苦难人生中的坚忍,也代表着母亲对子女的无限希冀,同时不断叩问我们读者该怎样"好好儿活"。瞧,"好好儿活"就成了文章的"文眼",自然也是教学的"主题"。

备课中,读到"文眼",就可以进而编织课堂的"学眼",整合各种阅读资源、生活资源和文化资源,以"积累、感悟、体验"为形式,牵主题的一发,动知识能力体系的全身。以前为了形象地表述什么是主题,就简单地说主题相当于文眼。今天想来,文眼不一定就是儿童的"学眼"。文眼是从文章创作的角度提出的,主题教学的主题不仅仅要从文章的角度,还要从儿童生命发展的角度来看,因此,有些文眼不一定就是儿童发展的主题。

在教学立意上,着眼于儿童生命价值取向

主题教学,体现了自然和生命价值,及其与课标"三维目标"的统整。我的《圆明园的毁灭》一课中的"毁灭",《村居》一课中的"居危思安",《晏子使楚》一课中的"尊重",《卖火柴的小女孩》一课中的"苦难与幸福"等主题,并非空穴来风或者空中楼阁,而是在对文本语言的具体揣摩中,深入并深刻理解其内涵与分量、情感和取向之后,方才植入内心的。一旦这些主题词语在儿童心中留驻,儿童就会将有关这个词语的典故、故事、情感、哲思一并收入囊中。也就是说,每一个"主题"立意都可以串联起文本的字、词、句、段、篇,串联起一个动人的故事、一段难忘的历史、一份厚重的思想与情怀。主题立意,往往又是儿童语言和精神同生共长的结合点。

为了实现儿童的生命价值取向的沉淀与获得,主题教学依然秉持当年提出的三个路径——"整合:人和自然、社会;积累:人和母语文化;自省:自我的确立",意在通过抓"主题"的方式,改变儿童以往孤立割裂的学习范式,在"三个超越"的过程中构建课程和课堂,让儿童在

"主题"中实现文与人、语言与精神的同构与统一。在此基础上进一步强调，要弘扬母语文化，在实践中努力找到适合儿童的语文学习与教育方式，探索民族化与现代化的语文教学之路，同时促进教师获得更好的专业发展。

帕克·帕尔默在《教学勇气》一书中说："如果我们要把课堂作为真正的共同体，一个让我们彼此坦诚相对的共同体，我们必须在教学的核心范围内，加入一件伟大事物，也就是第三事物。"这里的"第三事物"是相对于教师和学生而言的，即"伟大事物"。"我所指的伟大事物，是求知者永远聚集其周围的主体——不是研究这些主体的学科，也不是关于它们的课本或解释它们的理论，而是这些视为主体的事物本身。"这是一位专家点评我的课的时候引用的一段话，她说："窦桂梅的课堂里有一个'伟大事物'。在这样一个以'伟大事物'为中心的课堂里，窦老师和学生同时专注于主题这个伟大事物，教师可以当学生，学生也可以当教师，彼此都可以伟大事物的名义向对方发表见解，实现了'教学就是要开创一个实践真正共同体的空间'。"

2. 主题教学的分项研究

有人说理论是灰色的，却又认为自己在一线摸索而得来的"我的理论"是金色的。但是达成的道路却荆棘丛生。语文教育虽然意义深远，但其现状越来越不容乐观，这是摆在我们面前的事实。语文学科繁复的教学内容，要在被英语、计算机等学科挤占得越来越少的课时当中落实，以选文形式出现的教材如同一首掐头去尾的藏名诗，一个语文教师如果缺少对课程论的学习，对教材的通读、细读和深入把握，缺乏丰富的教学经验，就很难用联系与发展的眼光，把握教材中每一课与课程总目标之间的关系。

怎样才能找到一条能够保证儿童基本母语素养的语文教育之路和评价体系，让语文教学的诸多内容，条分缕析，规整统合，串成美丽的项链，使母语教育的回暖不是悬浮在空中，而是切实可行？就在这样的背景下，我带领清华附小的教师们，以高度的责任感对语文教学进行板块构建，组成语文学习的"立体网络"，即在实践中，根据教学内容、学段特点的差异，将主题教学分成"主题识字"、"主题讲读"、"主题阅读"、"主题作文"四大研究板块，用主题使语文学习结构形成"网络状"，建立起"校本课程体系"，进一步拓展了"主题教学"的内质和潜质，使母语教育得以立体推进。

主题识字——识字是低年级教学的主题。以识字为主，在教学中对归类识字、集中识字、韵语识字、定位识字、随文识字等识字类型，以及识字、写字习惯和方法展开研究，让学生爱上汉字，传承中华文化。

主题讲读——重点研究教材中的精讲课文。通过深入备课，挖掘课文中的核心的、带文化意味的"语词"，即主题，以主题带动全文，咬文嚼字，品词析句，体味文章的写作手法和审美意蕴。

主题阅读——以大"主题"作为核心线索，串起课外阅读中那些散乱的珍珠。以一篇课文带动多篇文章，以一课书带动一本书，甚至一本本书。不仅指导阅读方法，同时推荐必读和选读阅读书目。强调课外阅读可内化，改变课外阅读放任化的局面。学校每周安排一节"读书课"。

主题作文——以"主题"写作内容带动对于写作方法的掌握，从低年级到高年级形成了一套看图作文、写事作文、写人作文、写景作文、状物作文、应用文写作、话题作文、想象作文、诗歌写作等训练体系。（主题作文系列教材指导丛书已经出版，并获得北京市第三届基础教学成果二等奖。）

需要说明的是，对每一个分项研究我都用课例说话。最具有代表性的是主题讲读课，我先后在《人民教育》、《课程教材教法》、《小学语文教师》等核心期刊上发表课例《朋友》、《再见了，亲人》、《圆明园的毁灭》、《秋天的怀念》、《晏子使楚》、《游园不值》、《村居》、《牛郎织女》、《丑小鸭》、《卖火柴的小女孩》、《宋定伯卖鬼》等二十多个。这些被分析的课文的体裁涉及小说、诗词、文言文、童话、现代散文等多种。这些课例都成为经典课例，受到全国小学语文教师们的研究和讨论。尤其是《圆明园的毁灭》、《秋天的怀念》、《晏子使楚》、《游园不值》、《丑小鸭》等课例，已成为教师们长期讨论的热点。当然，识字课《早操》，阅读课《我的爸爸叫焦尼》、《三打白骨精》，习作课《捶捶乐》、《我爸爸》等，也成为教师示范引领的范例。

3. "三个一"目标的提出

目前我国还没有语文质量体系。因此，我开始着手探讨如何对"语文课程标准"、"语文教材内容"和"语文教学内容"三者进行高效的调控与融合。这对于大多数教师来说都具有一定的难度。"课程标准"没有对教学内容作具体规定，所使用的教材又没有清晰的体系。既然改变不了现实，那么就改变我们的行为。从事主题教学的我们必须思考，语文课程标准的指导如何与教材内容发生联系，如何在教学内容中体现……

我结合自己带出的学生的学业效果，提出"一手好字、一副好口才、一篇好文章"这"三个一"的主题词，并着手制定《小学语文质量目标手册》。于是，我们将语文这被称为"模模糊糊一大片"的语文知识、语文能力，用最精练的"主题"进行了概括。"三个一"里的"好"，意味着工具性与人文性的统一，即不仅要掌握知识与技能，更要提高素养，培养情趣，焕发对母语的热爱。"三个一"为小学六年的母语课堂教学，定下了目标和方向。

需要说明的是，我们重点研读了北师大版、人教版、苏教版三个版本的教材的编排特点和内容，梳理了教学内容，进行分类或归并，之后，把各个版本的内容统摄在"一手好字"、"一副好口才"和"一篇好文章"中，再进行目标的归类和内容的细化。要深度钻研三十六本教材，从中提取"知识精华"，这给我们的主题教学研究带来了极大的挑战，可以想象我们的老师是多么辛苦和艰难！可是，这却给使用其中任何一个版本教材的教师带来了很大的方便！无论用哪个版本的教材，其他版本的相关内容都可以为教师提供参照。比如，对我们学校，以及海淀区使用北师大版教材的大部分教师来说，教材的编写体例灵活，但知识点、训练点相对模糊，驾驭起来有一定的难度，这份手册，为我们提供了最有效的"抓手"，即给我们明确了该教哪些"一生有用的母语"，以及怎样教这"一生有用的母语"。

"一手好字"目标明确。识字目标，关于识字量、多音字、易错音等具体内容，以及识字方法、识字习惯等方面都根据年段特点作出规定；写字目标包括写字内容、写字要求、写字习惯，它们也是根据年段特点提出的具体要求。识字策略有看拼音、查字典、归类等，写字策略有姿势、态度、方法等，年级之间，具有梯度，体现了循序渐进地教与学的过程。

"一副好口才"部分的编写，依据语文教学课程标准，分成"倾听"、"表达"、"应对"三个组成部分。根据年段特点的不同，一至四年段侧重朗读与讲故事，五、六年段侧重朗读、演讲与社会实践。实施策略当中，既给出了训练的方法，又给出了训练的具体内容；并且分门别类地制定了具体的评价标准，便于准确理解和具体操作。

"一篇好文章"分成"读懂一篇好文章"和"能写一篇好文章"两个部分。"读懂一篇好文章"部分的编写，结合教材的具体课例，提取阅读数量、阅读能力、阅读方法、阅读习惯四个部分，有梯度地编写制定。特别是为了方便教师教学、家长辅导、学生积累阅读，我们阅读了大量古今中外的优秀作品，并且征求了相关专家的意见，根据年段特点提供了课外阅读书目、古诗、儿童诗、现代诗、古文阅读与积累的具体内容。每学期都推荐给学生绘本、童书、外国文学名著、民族文化经典和科普作品。

"能写一篇好文章"部分的编写，强调作文即生活，作文即做人。我们在"观察，积累，运用"三个方面制定了质量目标，并根据这三个方面制定了实施策略。为了使实施策略做到切实可行，每一个年段，我们都分门别类地编入了多种"处方式"策略，如制作书签、写绘画日记、积累本、接力日记、小记者活动、绘本、生活速记本、人物素描课堂等，让教师可以按图索骥，具体操作。这些策略又与学生的生活紧密相连，可以让学生在观察和积累中感受生活的乐趣，然后带着这样的感受再次投入到新的观察中去。

目前，《小学语文质量目标手册》已经出版。随着实践的深入，我们会陆续出台《小学语文质量目标手册》的二级配套指导丛书。在不同年段，出台《阅读——"理解、统整、评鉴"信息的方法训练》、《口才——"倾听、表达、应对"交际的方法培养》、《写字——如何做到"正确、规范与美观"》、《作文——如何学会"观察、积累与运用"》。

　　主题教学走出了过去语文教学单打独斗的局面，引入了课程视野，通过对散落的有价值的主题的编织，整合了学生的语文素养、思想积淀、文化内蕴，因而广受一线教师的喜爱。我也从实践中得出这样的认识：语文教学如果没有课程意识、课程视野、课程构建，永远都是蹩脚的、单薄的、贫血的。

　　课文——语文——课程，这是我从事母语教学二十多年来走过的路，基本上也是中国语文教育走过的坎坷之路。但几经波折，几经发展，母语教学最终汇聚成江河湖海，灌溉炎黄子孙，滋养华夏大地。让我们的孩子热爱母语，让他们做有根的人，这就是我，一个普通教师的追求，也是我毕生的使命！

附2　语文教育要给孩子一座田园、一座花园

中国教师报：语文教学的纷争由来已久，教学目标就是争议的一个焦点。你认为小学语文课应该给学生什么？

窦桂梅：语文教学的纷争很多。就目标而言，工具性、人文性之争是最激烈持久的。

工具性与人文性之争基本上是一个伪命题，语文本来就是一种交际工具，当然具有工具性，而语词决定了一个人的生命疆域和思维视野，决定了一个人的终极关怀和生活情愫，语言是存在之家，所有的人文精神都要通过语词保存下来，因此，语文又天然具有人文性，这是母语的特质决定的。两者根本不能割裂开来，广义地说，"听说读写"就是语文的工具性内容，而借助"听说读写"所表的情、所达的意，自然具有思想人文性。当前小学语文课最应该给学生的还是语文学科知识。因此，首先要分析梳理的是，承载这两者的是什么样的语文知识。

但工具性和人文性论者都遮蔽了这样的问题。工具性论者没有界定哪些知识是真知识，哪些知识是伪知识，这些知识来源于何处，其合理性依据是什么，如何有效传授，等等。而人文性论者则往往片面强调语文教育的人文属性，但对人文属性与语文教育的关系，又缺乏必要的梳理，对人文性究竟如何落实在语文课堂教学中，也无法厘清。

这几年，我倡导的主题教学就是一种有目的的矫正。这里的"主题"不是指我们以往习见的思想教育等，我所倡导的主题教学是交际工具与

人文情怀的合一,而不仅仅是统一。统一像是拧在一起的两股麻绳,即便合而为一,给人的感觉也常是貌合神离。合一则多了一份水乳交融的感觉,意味着你中有我,我中有你。语文教学的媒介是语言,文本的"主题"本身就是语词,就是学生认识世界、改造世界的工具。一个人的语词有多丰富,视野就有多广阔,一个人掌握了多少个语词,就相当于掌握了多少个与外部世界沟通交流的密码。

所以,我们提倡,主题教学要努力给学生打下两个底子:学习的底子和精神的底子。这两个底子怎么打?形象地说,就是给孩子们两个园子:一座田园、一座花园。田园生产农作物——玉米、水稻,萝卜、白菜,等等,以满足人的基本生存和发展需要。但一个人只是吃饱了还不行,还要有精神上的愉悦和美感享受。也就是说,在学习语文的过程中,一定要有精神的"水仙花"、文学的审美洋溢其中,只有这样,存在的意义、人生的价值方能显现出来。可见,我们语文学习的家园,光有田园还不够,还得有花园。

为了打好这两个底子,这几年围绕主题教学我提出了语文"三个一"质量目标——"一手好字、一副好口才、一篇好文章",并将之细化到每一个年段、每一个学期,甚至每一堂课中。这"三个一"中的"好"是一种文学表达,"好"体现的是一个个主题,即"好"体现为工具与人文合为一体,把语文散乱的知识能力、过程方法与情感态度整合起来——打好"学习的底子"和"精神的底子"。以"一篇好文章"为例,大家知道,一篇文章有四个基本要素——主题、素材、结构、语言。若说是"一篇好文章",素材一定是真实、充实的,而不能是虚假、苍白的;语言一定是顺畅的、明丽的,而不能是粗俗、零乱的;结构一定是完整、合理的,而不能是拖泥带水、头重脚轻的。而所有这些都须指向主题,因为主题是生命与思想的灵魂。好文章的标志,是主题光明而不是阴暗,是主题高尚而不是卑下,是主题美好而不是丑恶。"一副好口才"、"一手好字"又何尝不是如此?每一个字、每一句话、每一篇文章,都是在一定时代背景和生态下产生的,都蕴涵着一定的文化精神。可见,"三个一"的质量目标从来就不是一个纯技术、纯工具性的问题。

有了这样的认识，语文知识就是着眼于人的发展的毕生有用的知识。小学语文只有让孩子们获得这些"知识"，才能让他们既理解又欣赏这个世界。

语文教育理应是幸福完整的。学生要有语文学科知识的积累、语言的积累，然后才能有文学、文化的积累，民族情感的积累。舍此，我们何以培养富有民族精神、生命意识、平民情怀的一代新人？

中国教师报：你在教学生涯中遇到过的最大的困惑是什么？

窦桂梅：我最大的困惑，就是很多时候，我们的教育偏离了教育的原点。很多最重要的东西都丢失了。我刚刚从乌克兰回来。在苏霍姆林斯基的故乡，那些人虽然落后、贫穷、艰苦，但他们身上那种安贫乐道的精神，那种团结、奋发、乐观的气质，那种在困难中，互相帮助，互相照应，彼此温暖的淳朴、感人、娴静、灵性的友爱，深深打动了我。有那么一刻，我觉得我们才是真正贫穷的人，才最值得怜悯。很多时候我们忘记了教育是立人的，忘记了民族精神才是教育的魂魄，一旦丢失了教育之魂，我们的教育就难免形销骨立。

早在十年前我就提出，语文教育，要为生命奠基。如何为生命奠基？我提出了"三个超越"的观点，曾引起一定的反响。"超越教材"强调在教好教材的基础上用教材教。"超越课堂"强调教科书是学生的世界，世界更是学生的教科书。"超越教师"一是教师要自我超越，使自己成为不断学习、不断创新的人；二是引导学生超越教师，在教师的搀扶和帮助下，学会质疑和批判，最终让师生成为友人和伙伴，朝着陶行知说的"师生合作，培养出值得彼此崇拜之活人"的理想境界进发。

所有超越的目的，就是要实现儿童生命的回归、母语学习本质的回归、教师专业发展的回归。超越的过程就是教师和学生超越习惯、超越传统、超越自我的过程。当然，超越是无止境的。儿童在发展，母语学习和教育的环境与方式也在变化，任何超越都需要再超越，否则就只能故步自封。比如，对教师而言，要实现三个超越，关键还是要看其自身能否可持续发展；对学生而言，则要看他们能否将在超越中所积累的知识，变成活性知识而非知识的碎片，能否将知识与生活经验相链接，重新建构、整合并最终内化为自身的精神血脉。

也就是说，面对儿童越来越少的语文学习空间，我们能否找到帮助儿童在较短的时间内，高效提高语文素养，深化情感和涵养智慧的教学方式呢？如何从新课程观的高度，在"三个超越"的基础上又有所超越，从整体上"让课堂焕发生命的活力"？也就是说，能够更好地实现"三个超越"的"抓手"是什么？这些问题都是值得思考的。

也许最大的困惑还不是来自外部的，批评的声音、条件的限制都可能成为超越与创造的动力。但人无完人，人更不是神。现下，迫在眉睫的是自身素养的提高，这还需要环境的支撑和切合中国实际的教育理论的引领。现在，不少教育专家、教研部门、科研部门都很忙，但结果恐怕还是从理论到理论。有多少人能细心深入地关注一个小学教师的实践？我还算是幸运的，其实，还有很多教师的经验没有被挖掘，被保护。我们小学教师真的不容易——既要有实践能力，又要有研究意识；既要想得到，又要做得到，更要写得到。

中国教师报：你觉得现在小学语文课堂教学的主要问题是什么？

窦桂梅：我觉得现在小语教学最核心的问题还是学科知识。目前，各种教育类报纸杂志上充斥的文章，所写的大多是教学方式方法上的经验，很少有对学科知识的挖掘和梳理。也就是说，很多时候我们是麻木地毫无辨析地接收了这些知识，然后转手卖给学生。可以说，当前教师自身的学科知识素养是教师专业发展的瓶颈。更严重的是，现在还存在一种"去知识化"的倾向。

有人这样评价我们语文教师：视野不宽，底蕴不厚，情趣不多，教学乏味。但凡听语文课，一般人都能说些什么，都敢指手画脚。原因就是大家觉得语文课就是认字、说话、写作文，每个成人都会写字，都能说话。岂不知，语文教学，并不是什么人都能说清楚的！

遗憾的是，我们有些教师的语文课的确没能上出语文味，没能让学生在母语的大观园里如痴如醉。相当一部分语文教师还不会写文章，这样的教师"空手套白狼"教学生作文，岂不是让学生看不起？因此，形成了这样一个怪圈：语文课，学生三五天，甚至一个月不来，也看不出他们的语文水平有什么落差。

然而，如果学生遇到一位专业素养强的语文教师，那么，耽误一天，就会让他觉得缺少了一天的熏陶。追随这样的教师，几年下来，不说语文课，单是生活中教师潜移默化的影响，就能使学生受益良多。作为一名语文教师，如果你拥有这样的专业高度，谁还敢对你说三道四、品头论足？为什么我们到医院看病，医生让吃什么药，打什么针，我们就乖乖地听从？为什么我们的学生和家长对我们，没有对医生那样信任？原因就是我们自己的专业水准没有让人家放心满意。

学科知识是教学的核心。如果教师的学科知识不够，谈什么教学方法都白搭。要把教学当作一门专业，并审视自己的专业知识是否准确而丰富。衡量一堂课好坏的标准，依我看，主要有两点：一是学科本位的价值获得，二是教育学的含量。这两者恰恰要靠教师的学科专业水准和教育教学能力来引导、帮助学生完成，而前者是前提。

在清华附小，对于语文教师的专业素养，我们简单地概括为两句话：第一，解读教材的功夫；第二，课堂教学的功夫。然而，如何培养这些素养，让教师所受的专业教育和积累下来的专业经验，融于教师课堂上的言谈举止之中，成为教育的机智和情怀，为学生的成长引路、照明，成为能够在纷繁复杂的环境中吸引学生热爱语文的强有力的磁场，这或许值得每一位语文教师深思。

中国教师报：你对现在的小学语文教材满意吗？

窦桂梅：作为一线教师，我的眼睛看得并不远，评价难免不客观。不过，和以前相比，现在的教材进步太大了，不仅版本多起来了，可选择的余地大了，更重要的是突出了儿童性、文学性、人性的一些东西。不过，问题也是有一些的，比如，有的版本编排过于严谨；有的版本强调基础知识的积累，但缺少思维深度；有的版本没有体系，而且对选文缺少修改，篇幅过长；有的版本有删改，但删改得不好。

教材在儿童生命的发展中究竟起着怎样的作用？我们今天是教课文

还是教阅读，是教课文还是教课程？这些都需要我们深入思考。

我当年提出"超越教材"，实际上就是觉得当时的教材需要改进。比如，教材的政治性越强，离孩子就会越远。而现在的教材中有些文章会让我们心潮起伏，回味无穷。我们必须尊重这些经典文本的规定性，老老实实读教材，回归细读经典文本，回归情感熏陶和积累。

当然，文本细读仅仅是语文学习的一个渠道而已。学习语文，教材只是个例子或引子，没有大量的课外阅读是不行的。很多学校，学生一个学期就学一本语文书，这怎么能够提高学生的语文素养呢？现在的教材编者已经意识到这个问题的严重性了。但他们骨子里还是太把教材当教材了，好像教材就是圣经，就是法律，语文学习就是学教材，教师上课只是教教材，考试则只是考教材中的知识，这是不对的。

还有一点，一线教师还特别需要课程意识和课程帮助，而不能仅仅停留在教材的编写上。很多时候，让教师充当课程的核心，这当然不错，但教师的能力和精力毕竟有限，眼界毕竟有限。那么，怎样为教师提供广阔的阅读背景与课程意识？这是需要教育部门认真思考的。

中国教师报：你如何评价这些年的小语课改？

窦桂梅：这些年来，小语课改的成就有目共睹。

首先是促进了教师观念的更新。比如，打破课堂中心论，活用好教材，以学生为主体，教师放下包袱，大胆实践，大胆创新，把学生引向无限广阔的生活和生命里去。其次是课堂组织形式的改变。课堂组织形式的改变带动了学生学习方式的变革，小组讨论、汇报交流、情景表演、课堂论辩、课文改写等形式，调动了学生的兴趣和参与的热情，使他们各方面都获得了很好的发展。当然，还有课堂评价的革新。评价目标多向度，评价手段多样化，阶段性评价与终结性评价并重，学习结果与学习过程并重，定性评价与定量评价相结合，所有这些变化充分调动了学生学习的主动性、积极性。

因为课程改革的推进，教师的眼界都比以前宽了，起码都听过一些专家的讲座，看过一些名师的课堂，有了一些自己的想法。上网发发帖，写写博客，思想有了交流的平台，反思与表达有了合适的场所。在"民间",在台下,我发现真正有思想的教师太多了。

教师的生命因课改而焕发活力。课程改革让教师有了展示的空间,教师找到了课堂教学的快乐,只有课堂活跃起来,教师才有可能实现自我的尊严。

没有这些不行,光有这些还很不够,课改还没有真正减轻教师的身心负担,教师还是在戴着镣铐跳舞,或者说解放了思想,但行为还没放开,因为评价机制还没有跟上来。一个不争的事实,是很多教师还面临着一些困境,比如工资待遇低下,甚至连糊口都很困难。教育耗时太长,负担过重,社会对教育的诉求过多,导致教师的压力增大。

2007年国家中小学心理健康课题组调查,52.23%的教师因工作繁重而存在不同程度的心理问题。一些教师陷入职业倦怠期,意志消沉,不求上进。这也直接导致旨在提高教学质量的教育改革,不能得到大多数教师的认同,并获得不折不扣的执行。

其实,教师不受重视,也就意味着国家对孩子的教育不是真正的重视,更意味着我们不太重视我们的未来。人人都拿孩子当宝贝,那么,为什么不关注引领这些孩子成长的教师呢?

当然,这里也有课改自身的一些问题。

比如对课标的把握。一线教师对此感觉模糊、笼统。如何在课程标准和教材之间搭一座桥?我们学校出台了介于课标和教材之间的《小学语文质量目标手册》,虽然这是一种创造,但并不一定完美科学,有关教育部门应该给出这类指导和操作纲要。

比如观点的极端。这几年来课改过于强调"教育学"的改变和教师与学生学科素养缺失的问题。但有人对课改加以否定,提出让语文"回家"。这没错,但需要提醒的是,不是"回家",而是回归教育本质、回归教育的内在规律。我们总是被一阵阵的口号式的观点遮蔽了眼睛,缺乏思考,难免无所适从。

了解了这些问题,或许更有助于我们认识到,新课程改革固然让我们欣喜,让一些真的猛士奋然前行,但我们还需要保持清醒,任何改革都不可能一开始就是完美的,只有一大批人行动起来,在实践中拨乱,一个百花齐放的课改春天,才会真正地到来。

附3 窦桂梅和《小学语文质量目标手册》

窦桂梅，如今在语文界无人不知，无人不晓。但是，大多数人只知其课，不知其人；只知她在课堂上的风采，不知她在领导教学上的用心。窦桂梅，她在领导教学上下的工夫，比在自己的教学上下的工夫要大得多；她在提升语文教学品质上作出的贡献，与她在语文教学上作出的贡献相比，一点儿也不逊色。她带领她的语文教师团队，围绕她的主题教学理念，花费近八年时间，付出许多心血，研制的一套12册《小学语文质量目标手册》（以下简称《手册》），便是一件成功之作。用窦桂梅自己的话说，这是"一群人向着共同的伟大的目标""认认真真地做成的一件大事"。

窦桂梅是怎么想起做这件事，又是怎么做成这项"事业"的呢？这还得从她成为语文教师的时候说起。

从"三个超越"到"主题教学"

自从1991年教语文开始，窦桂梅就不是一个"安分"的语文教师。她真切地感受到"三个中心"（以教材为中心、以课堂为中心、以教师为中心）对语文教学的禁锢，一心想让教材变得厚一些、课堂变得大一些、学生学得主动一些。于是，提出并开始践行"三个超越"的观点，即"学好教材，超越教材；立足课堂，超越课堂；尊重教师，超越教师"。

就在别人还在更多地关注、研究怎样教更能取得高分的时候，窦桂梅已经从中跳了出来，为学生主动学习、幸福成长着想，这不能不让人刮目相看。

后来，既做教师，又当校长，角色变了，担子也更重了，她开始思考："超越之后怎么办？""语文教学的路应该怎么走？"在多方面的启发下，她再次把目光聚焦到课堂上，开始了对语文"主题教学"的研究与探索。她在语文教学中，以"立人"为核心，以"主题"为抓手，整合"三个维度"的教学目标，统整听、说、读、写的能力训练，用立体的、"集成块式"的主题教学，追求"学习语文，学习做人"的最佳效果。于是，在窦桂梅以及由她指导的教师的语文课上，我们看到，向着语言与精神同构的目标，循着"整合、积累、自省"的路径，采用"感悟、体验、运用"等策略，让学生在享受语文中学习语文，使其语文能力和人文精神得到同生共长。

不久，新一轮课程改革开始了。伴随语文课程新理念的传扬，语文教学新气象的出现，一些问题也浮现出来。其中一个令广大语文教育工作者心痛的问题，是语文教学效率没有明显提高，师生的课业负担非但没有减轻，反而越来越重！能不能从根本上解决这一问题？语文界有识之士在思考，窦桂梅也在思考：语文课程究竟是干什么的？小学语文教学的目标是什么？小学语文应该教什么、学什么？小学语文应该怎样教、怎样学？应该怎样评价教和学？窦桂梅以教师和校长的双重身份，在思考中领悟到：

1. 只在"怎样教"上用力，是不能从根本上改变教学的。"教什么"是第一位的，"怎样教"是第二位的。要想大幅度提高语文教学的实效性，首先就要解决"教什么"、"学什么"的问题。

2. 《语文课程标准》中的教学目标不够具体，教学内容不够明确，评价建议不好操作，各版本教材的训练重点若明若暗。因此，要想办法使小学语文教学目标真正姓"小"，使教学内容比较明确，使教学评价易于操作，最好能把教学目标、教学内容、教学策略、教学评价联系起来，使每一位小学语文教师都清楚，教学要到哪里去，要教什么、学什么，要怎样教、怎样学，要怎样检测学生、怎样评价和改进教学，即如何加强目标的明确性、内容的时效性、评价的客观性。

从以上勾勒，我们可以窥见，在对语文教学的不断追问中，窦桂梅的认识与实践回归语文本真的心路历程；我们可以感受到，由于承担，更源于责任，窦桂梅进入更加深广的视阈，认真思考"什么样的语文教学才是理想的语文教学"这个根本性的问题。这就为她和她的教师团队研制《手册》，作好了思想上、行动上的准备。

从"三个一"到《手册》的研制

研制《手册》的第一步，就是找准切入点，把作为完成基础教育第一步的小学毕业生在语文学习上应达到的目标搞得十分明确、十分准确。窦桂梅从在二十几年的教育教学中观察和发现的优秀毕业生所具有的语文素养的种种表现中受到启发，提出了既全面又简单、明确的"三个一"的质量目标，即"一手好字"、"一副好口才"和"一篇好文章"。

"一手好字"包括识好字和写好字。具体体现为"正确、规范、美观"。《手册》提出了各年级、各学期具体的识字目标和写字目标。在识字、写字目标中，既有内容、要求，也有方法、习惯的指导。提出"一手好字"的质量目标，既说明了低年级语文教学要以识字、写字为重点，也表明了汉字的识与写，是语文学习的奠基工程，应贯穿小学一至六年级，是常抓不懈的工作。

"一副好口才"既是语文素养的重要内容，又是21世纪的人应当具有的基本素质。"倾听、表达、应对"是它的三个重要内容。要通过小学六个阶段、12个学期的训练使学生做到听得清楚——听力的培养与训练；说得明白——表达的培养与训练；善于沟通与交流——口语交际的培养与训练。

"一篇好文章"包括"读懂一篇好文章"和"能写一篇好文章"。

"读懂一篇好文章"，体现在"理解、统整、评鉴"信息的目标水平中，这三个关键词既是十分重要的阅读能力，又是十分重要的学习能力。

因为"阅读能力的培养是教育教学的核心,学校中几乎每一科的知识都是通过阅读来学习的"(吉姆·崔利斯)。所以,《手册》着重培养学生提取信息的能力、对文章字词句段篇作出解释的能力以及评价鉴赏的能力。此外,在阅读数量、阅读方法、阅读习惯、阅读能力等方面,《手册》提出了有梯度的要求。

"能写一篇好文章",指引学生课内得法,课外得文,从"积累、观察、运用"三个方面努力。强调"作文即生活,作文即做人",作文就是记录生命的过程,让学生在求真、立诚的表达中,学做真诚、有用、有爱心的人。

上述"三个一"的质量目标,是窦桂梅"主题教学"的质量核心,构成了研制《手册》的基本框架。它不仅回答了"达成什么目标"的问题,而且在一定程度上回答了"教什么、学什么""怎样教、怎样学"以及"如何评价教学"的问题。

接下来,窦桂梅和她的教师团队,围绕"三个一"的目标,深入进行"主题教学"的分项研究,重点从以下五个课程板块来落实《手册》的内容。

1. 主题识字。研究在"主题教学"的背景下,利用多种行之有效的方法,激励学生自主识字,指导学生有步骤地练习写字。其最大特色是,向学生渗透汉字文化,激发他们对祖国文字的热爱之情。

2. 主题讲读。以教科书中的精读课文作为主要的研究对象,从课文中提炼主题,以主题带动阅读指导与训练。学生不仅"得意",而且"得言""得法",逐步形成正确的价值观,提高阅读品位,习得读书方法、作文方法,培养读写能力。

3. 主题阅读。这里主要指课外阅读。《手册》中每学期都推荐单篇的"名家名篇",以及整本书的"经典名著",从而使阅读由一篇文章"精读"的点发展到整本书"略读"的面,由阅读"个例"辐射到阅读"群文"乃至阅读整本书。可以是"一篇带多篇",一本带一本甚至带几本。阅读没有一定"量"的积累,就很难实现"质"的飞跃。没有课内的阅读指导、展示、交流作保证,就很难把课外阅读落到实处。清华大学附属小学不仅规定了每学期必读和选读的书目，而且在课程安排上做到了课内外阅读的贯通，实现了"课外阅读课内化"，"课内阅读指导化"。

4. 主题诵读。专辟时间，每天诵读《手册》中提供的古代诗词文赋和现代经典诗歌散文。采用"吟诵和朗读"的办法，既吟诵古典诗词文赋，又朗读现代诗歌、散文佳作。让师生尝试用"吟诵"的方式吟咏古典诗词，是《手册》的一大亮点！学生口诵心惟，在诵读中思考，在诵读中积累语言，在诵读中积淀文化，在诵读中培育精神。

5. 主题作文。一是体现课内如何进行"读写结合"，用足教材进行仿写、续写、改编等习作训练；二是课文延伸，加强作文与生活的联系。例如，从低年级到高年级，围绕一个个"主题"，形成由绘本创作，看图作文，写景、状物、记事、写人作文，话题作文，想象作文，诗歌创作，应用文写作等组成的作文训练体系。针对不同年段，还开发了多种多样"处方式"的习作策略。如绘画日记、接力日记、语言积累本、生活速记、人物素描、书签，以及贺卡制作、小记者活动等，使习作既源于生活，又高于生活，表现主题。

在以上五个板块的研究中，窦桂梅和她的教师团队逐渐积淀了一些好的教学方法和策略，积累了一批成功的课例，越来越明确了"三个一"在各年段的教学要求。

更可贵的是，这个研制团队，花费大量的时间和精力，认真研读了北师大版、人教版、苏教版的语文教材，梳理了教学内容，提炼了训练重点，提出了具有普适性的语文教学内容，特别是学习策略的指导序列，作出了开创性的贡献。

就这样，从2002年开始，窦桂梅和她的教师团队用八年时间，用心规划、潜心研究、反复实践、披沙拣金、聚沙成塔，由一册到一套，由初稿到反复修改定稿，终于研制出一整套适合各个版本教材教学，质量目标清晰、具体，教学内容丰富、厚重，教学策略实用、灵活，教学评价简便、易行的《小学语文质量目标手册》。

共同编写，既经受了长期、艰苦的磨炼，又获得了幸福的体验。这是教师生涯中一段难忘的经历；其间，不仅收获了教育科研的成果，而且享受到专业成长的幸福。同时，这一"专业研修与开发"的过程，不仅成就了这个团队，而且为全国的小学语文教学提供了最具有操作性的、切实可行的质量目标体系。这个体系具有原创意义，填补了国家语文知识体系的空白……

我谨以上面的文字，向窦桂梅和她的教师团队表示深深的敬意，并郑重地将她们的研究成果——《小学语文质量目标手册》介绍给教育界同仁，以便大家在研读与试用《手册》的过程中，分享他们的经验，并提出改进的意见、建议，使其日臻完善。

崔　峦

幸福了学生，成就了教师

《手册》全套共12册，对应小学六个学年12个学期。每册由"一手好字"、"一副好口才"、"一篇好文章"三个板块组成。每个板块均包括以下五个部分：一、质量依据；二、质量目标；三、实施策略；四、质量评价；五、相关附件。

"质量依据"，援引《语文课程标准》中对该学段、该板块的要求，以期让使用者明确国家标准的相关要求，也表明以下各个部分的阐述与规定，有章可循，有据可依。

"质量目标"是对《语文课程标准》提出的相关教学目标的具体化。无论是"三个一"的哪个板块，其目标均以不同的关键词呈现，十分醒目、鲜明。如上文提到的，"一手好字"的关键词是"正确、规范、美观"；"一副好口才"的关键词是"倾听、表达、应对"；"一篇好文章"中"读懂一篇好文章"的关键词是"理解、统整、评鉴"；"能写一篇好文章"的关键词是"积累、观察、运用"。在三个关键词的总目标下，每个学段都有所侧重。在每个关键词下，都有具体的文字说明，以利正确理解、准确把握。每个关键词及其解释，都得来不易，是长期研究、实践和反复推敲的产物，可谓"为求一字稳，耐得半宵寒"。

"实施策略"，更是窦桂梅和其教师团队教学智慧的结晶，提供了落实质量目标的方法、策略，阐明了如何落实"知识点"、如何教给方法、如何培养能力、如何养成习惯，凸显了语文教学中的策略指导，体现了《手册》的核心价值——解决到达教学目标彼岸的"桥"和"船"的问题。

"质量评价"，针对"质量目标"和"实施策略"，规定了具体的评价标准，提出了"内容分类、考核分项"的评价方法，体现了重激励、重反馈的评价功能，彰显了"三全"（全面评价、全程评价、全员评价）的评价理念。配合每项评价内容，《手册》还设计了相应的测评样卷，包括综合测试卷、读书报告单、朗读及吟诵的测评篇目和考评要求等。这不仅使《语文课程标准》中的"评价建议"变得具有很强的操作性，而且为学校、教师进行质量检测提供了具体参照。可以这样说，这是目前我国语文教学评价体系尚不完善的情况下的一个创造，为解决评价制约教学改革的"瓶颈"问题，提供了可资研究与借鉴的重要参考资料。

"相关附件"，意在给使用者提供必要的"菜单"，供其自由选择，灵活运用。如"一手好字"中包括词语、成语、识字小贴士；"一篇好文章"中列出推荐的古诗词、古文、儿童诗、现代诗，单篇阅读的经典篇目和整本书必读与选读的篇目，以及写字的系列要求、作文修改符号的使用规则，等等。应该说，尽最大努力为教师们提供了唾手可得的资源。

关于"年段要求"，《手册》强调以"知识、习惯、方法、能力"四个要素编制语文内容，并将这四个要素贯穿整个六年。低年段"基础牢"，强调"知识"、"习惯"；中年段"腰杆硬"，强调"知识"、"习惯"、"方法"；高年段"起点高"，强调"知识"、"习惯"、"方法"、"能力"。

应该说，这套《手册》由于每册对应一个学期，12册涵盖六个年级，在教学目标、教学内容、教学实施、教学评价诸方面，形成循序渐进、螺旋上升的体系，具有系统、科学、实用的特点。它依据《语文课程标准》，又完善了《语文课程标准》；源于多套语文教材，又超越了各套教材；来自基层，又高于具体的教学经验；从《语文课程标准》的评价建议出发，又使教学评价便于操作。它是教师教学的依据，领导评估教学的参照，学校进行质量检测的凭借，家长辅导孩子学习的帮手。《手册》的研制成功，幸福了学生，成就了教师。

我们发现，《手册》研制的出发点和归宿点，是探寻母语教育的本真，实现儿童快乐、高效的语文学习。这是真正的为儿童负责，真正的回到儿童！我们欣喜地看到，与《手册》研制同步的"主题教学"改革，使学生学得更好、更多、更主动、更快乐，使他们在享受语文中学习语文，在学习语文中提升语文素养，从而为生命奠基。

我们还欣喜地看到，在进行教改和研制《手册》的漫长的过程中，窦桂梅和这批勇敢执著专业的教师团队共同读书、共同教学、共同研究、